Humanitaire :
s'adapter ou renoncer

Avec la collaboration de Valérie Mettais.

Pierre Micheletti

Humanitaire : s'adapter ou renoncer

Préface d'Aminata Traoré

Marabout

À ma famille, source d'énergie inépuisable.
À mes copains d'enfance,
premiers étayages d'une vie intellectuelle mal partie.
À Médecins du monde, merveilleuse aventure humaine,
rebelle et tumultueuse.

Remerciements

À la ville de Grenoble, à son maire, M. Michel Destot, et à l'équipe municipale pour son soutien constant.

À Dominique Dumand, pour son impulsion et son soutien.

À Élodie Abbate, pour son efficacité redoutable et joyeuse.

À Mme Muguette Breton, pour sa relecture attentive et encourageante.

À Valérie Mettais, pour sa contribution structurante.

Sommaire

Deuxième partie
Le refus du modèle occidental

7

8

9

17

Troisième partie

Pour une métamorphose

18

19

Préface

« Ici et là-bas, ensemble, nous pouvons redonner du sens à la solidarité internationale. » Tel est le message que je retiens de cet ouvrage de Pierre Micheletti, à l'heure où l'aide humanitaire suscite un nombre considérable de questions.

Au Sud, et plus particulièrement en Afrique, nous n'avons plus d'illusions quant à l'aide financière internationale, faite souvent de fausses promesses qui n'excluent pas pour autant l'ingérence et la mise au pas de nos États, dans le cadre d'une économie de marché dont notre continent est le grand perdant.

S'agissant de l'action humanitaire, son utilité est indéniable, surtout lors de catastrophes naturelles – et malgré l'asphyxie de la production agricole qui peut en découler dans le cas de l'aide alimentaire. La crise de confiance s'est installée dans la plupart des esprits avec l'affaire de l'Arche de Zoé et la manière dont elle a été traitée. Elle s'inscrit dans le cadre d'un drame – la guerre au Darfour –, dont le dernier rebondissement est l'accusation du président soudanais Omar el-Béchir de génocide portée par le procureur de la Cour pénale internationale.

Dans un tel contexte, le livre de Pierre Micheletti est une contribution précieuse au débat indispensable sur l'action humanitaire dans le cadre d'un ordre mondial profondément déséquilibré et violent. L'auteur retrace le chemin parcouru en quarante ans, de 1968 à 2008, auprès de ceux et de celles qui ont faim, qui ont soif, qui ont mal, qui ont peur de mourir et qui fuient. En effet, la page contemporaine de l'humanitaire dont il s'agit a vu le jour au moment de la guerre du Biafra, au Nigeria. Au fil du temps, les fronts se sont multipliés, ainsi que le nombre des intervenants auprès des populations en détresse. À la question récurrente de l'efficacité de l'aide humanitaire, que suscite cette évolution, s'ajoutent celles de son extériorité, de sa neutralité et de son impartialité. Les organisations humanitaires se défendent de tout parti pris. Mais la méfiance grandissante de certains responsables locaux, les entraves au bon déroulement des missions et, surtout, les enlèvements et la mort, qui, ces derniers temps, ont frappé parmi les acteurs sur le terrain, prouvent le degré de détérioration de la situation.

Comment sommes-nous passés d'un humanitaire flamboyant à un humanitaire « bunkérisé » où la préoccupation sécuritaire prédomine, comme en Irak et en Afghanistan, mais également en Haïti ?, s'interroge Pierre Micheletti. L'auteur passe en revue la phase des années 1970, marquée par l'émergence de Médecins sans frontières (MSF) – dont son organisation, Médecins du monde (MdM), est issue. Les années 1980 auront été celles de l'expansion et les années 1990 celles de la confusion des rôles, suivies, à présent, de violentes réactions et parfois de rejet. En 2006 et en 2007, deux volontaires français de Terre d'enfance sont enlevés en Afghanistan, où dix-sept personnes d'Action contre la faim (ACF) sont assassinées. En 2008, un représentant de l'Agence américaine pour le développement international (USAID) est assassiné à Khartoum, au Soudan, ainsi qu'une volontaire d'ACF au Burundi, où une autre est blessée. Le personnel des Nations unies n'est pas épargné : quarante-deux personnes sont mortes pendant ces dernières années, victimes d'attentats. Ces drames imposent la prise en compte de certaines réalités telles que la prédominance des Occidentaux dans les organisations humanitaires, l'ambiguïté de leurs relations avec les gouvernements de leurs pays et, parfois, la confusion des rôles avec des agences spécialisées des Nations unies, des membres de la coopération bilatérale et multilatérale, ainsi que des civilomilitaires qui, sous la bannière de l'ONU ou de l'OTAN, opèrent dans les zones de guerre. Les acteurs locaux ont souvent tendance à voir l'Occident et ses valeurs dans tous ces protagonistes, qu'ils soient français, anglo-saxons ou scandinaves.

Pour la sécurité des équipes et l'efficacité de leurs interventions, Pierre Micheletti propose de comprendre encore et toujours le sens de la présence des humanitaires et de clarifier leurs relations avec les militaires, les États et l'ONU. La tâche n'est nullement aisée en raison de l'omniprésence des intérêts stratégiques de pays dominants, tantôt concurrents comme au Biafra, tantôt alliés comme au Darfour, contre la Chine.

D'une manière opportune, l'auteur rapporte les ingrédients de la guerre du Biafra, dont les plus explosifs sont sous-jacents au conflit du Darfour : dans un cas comme dans l'autre, il s'agit de pétrole, et de compagnies pétrolières derrière les grandes puissances. Les morts, les blessés et les déplacés sont à secourir par les ONG qui, par ailleurs, sont chargées d'alerter et de mobiliser l'opinion internationale en minimisant, voire en occultant le jeu des intérêts financiers et commerciaux auquel peuvent prendre part les belligérants locaux. Excepté dans les catastrophes naturelles, les humanitaires ne sont-ils pas piégés dans les guerres de convoitises et de prédations, au même titre que les populations auxquelles ils viennent en aide ?

Les *French doctors*, rappelle Pierre Micheletti, ont été les acteurs d'une certaine forme de mondialisation, à l'époque où ce phénomène ne portait pas encore ce nom. Et si les ONG humanitaires, qui interviennent en zones de conflit, étaient rattrapées par les conséquences de cette mondialisation, dont ils ont souvent contribué à amortir le choc en colmatant tant bien que mal les brèches ouvertes par le désengagement de l'État dans le cadre de réformes imposées par les institutions de Bretton Woods aux pays sous ajustement ? Les réformes se sont révélées erronées et infructueuses. La crise s'est alors aggravée ; elle tourne à la gangrène sociale, écologique, alimentaire, énergétique et financière ; elle se traduit par la pauvreté et l'extrême pauvreté parfois, par le repli identitaire ou religieux, par les conflits armés et par l'émigration, légale ou illégale. En somme, tout est lié.

Le dilemme des médecins sur le terrain est celui de la quasi-totalité des ONG et des médias qui se veulent indépendants. Il se pose en ces termes : Comment jouer pleinement son rôle auprès des civils et sauver des vies humaines sans faire référence à la guerre économique, dont celle des matières premières, sous-jacente à la plupart des conflits armés qui embrasent les pays dominés ? Avec la flambée du prix du baril de pétrole, elle est appelée à s'aggraver. Les tensions entre les populations à propos des terres agricoles, des pâturages et de l'eau – souvent gérés au niveau local selon des règles coutumières – auraient-elles revêtu cette dimension dramatique au Darfour sans la présence chinoise au Soudan et celle des États-Unis d'Amérique et de la France au Tchad ?

« Agir sur notre environnement politique et social "ici" pour des changements de perception "là-bas" » est l'une des conclusions de Pierre Micheletti. Elle est pertinente, mais d'une grande exigence. Il y va de la crédibilité et de l'avenir de la solidarité internationale. En plus de la double volonté d'agir dans leur domaine de compétence sur le terrain et de rencontrer des communautés humaines différentes, il s'agit désormais pour les humanitaires de ne pas se tromper de diagnostic en s'attaquant aux conséquences des guerres, sans en voir les causes profondes. Les populations qui, dans le contexte actuel de la mondialisation, s'entretuent, se font tuer ou cherchent souvent une issue dans l'émigration sont la plupart du temps spoliées, privées d'informations et dépolitisées. Elles seraient à l'abri de bien des violences si la démocratie pouvait revêtir son sens à l'intérieur des frontières et entre les nations. Les médecins qui sont à leur chevet peuvent-ils les accompagner dans leur quête de vérité et de justice, dans un monde globalement malade car obsédé par la course au profit ?

La meilleure aide qu'on puisse, en somme, apporter aux victimes du désordre mondial qui exacerbe les tensions locales n'est ni financière, ni matérielle, ni militaire, ni même humanitaire à moyen terme. Elle est éminemment politique et consiste à les outiller de telle sorte qu'elles puissent comprendre leur propre situation, ainsi que la nature des enjeux internationaux, qu'ils soient financiers, économiques, énergétiques, alimentaires ou environnementaux.

Le pari ambitieux et tout à fait louable de Pierre Micheletti, qui est de s'adapter en sortant des interventions humanitaires jugées asymétriques et ethnocentriques, est un changement de perspective. Il ne dépend pas uniquement des humanitaires, mais de notre détermination à tous à œuvrer « ici et là-bas » pour davantage de citoyenneté, de vérité et de justice. Puisse son livre y contribuer.

AMINATA TRAORÉ
Ancienne ministre de la Culture du Mali,
essayiste et l'une des animatrices du mouvement social en Afrique.

« Dans les Grandes Antilles, quelques années après la découverte de l'Amérique, pendant que les Espagnols envoyaient des commissions d'enquête pour rechercher si les indigènes possédaient ou non une âme, ces derniers s'employaient à immerger des blancs prisonniers afin de vérifier par une surveillance prolongée si leur cadavre était, ou non, sujet à la putréfaction.

« Cette anecdote à la fois baroque et tragique illustre bien le paradoxe du relativisme culturel (que nous retrouverons ailleurs sous d'autres formes) : c'est dans la mesure même où l'on prétend établir une discrimination entre les cultures et les coutumes que l'on s'identifie le plus complètement avec celles qu'on essaye de nier. En refusant l'humanité à ceux qui apparaissent comme les plus « sauvages » ou « barbares » de ses représentants, on ne fait que leur emprunter une de leurs attitudes typiques. Le barbare, c'est d'abord l'homme qui croit à la barbarie. »

CLAUDE LÉVI-STRAUSS, *Race et histoire*, 1952.

Introduction

Parce qu'ils engendrent des conséquences dramatiques pour les populations, nombreux sont les conflits, les crises et les catastrophes qui, dans le monde entier, mobilisent la solidarité internationale. La violence frappe les civils de plein fouet, les contraint à des déplacements au sein d'un territoire ou au franchissement de frontières, faisant d'eux des réfugiés. Le plus souvent, cette violence est accompagnée d'une déstructuration des systèmes de soins ; détruites ou pillées, les régions touchées voient fuir ou disparaître les professionnels de santé, victimes des combats ou visés par les belligérants.

La première des solidarités qui s'exerce alors reste une solidarité de proximité, discrète : celle de la famille, des voisins, de la communauté, des autorités, des personnels locaux... L'action humanitaire constitue la partie émergée de la solidarité – la plus visible, parfois la plus dérangeante, aujourd'hui la plus exposée.

Au cours de ces dernières années, les interventions des ONG se sont multipliées dans le monde ; de plus en plus souvent, ces organisations non gouvernementales sont devenues les cibles d'actions violentes et délibérées. D'une manière régulière, l'actualité se fait l'écho des enlèvements et des assassinats d'équipes composées de volontaires expatriés et de partenaires locaux.

De nombreux événements ont révélé avec acuité les difficultés croissantes auxquelles sont confrontées les ONG. Le cyclone Nargis en

Birmanie, l'affaire de l'Arche de Zoé au Tchad, l'enlèvement de volontaires français en Afghanistan, l'assassinat de membres d'Action contre la faim au Sri Lanka, la gestion du tsunami en Asie et les incidents survenus en Colombie et dans la bande de Gaza illustrent quelques-unes des réalités rencontrées. Sans oublier la situation en Irak, dans les Territoires palestiniens, en Tchétchénie, en République démocratique du Congo, au Tchad, au Kenya, au Burundi, au Darfour, en Colombie, en Haïti, au Bangladesh…

QUE SE PASSE-T-IL ?

Pourquoi la démarche humanitaire, fondée sur l'entraide internationale et le secours aux populations, rencontre-t-elle autant de méfiance, d'hostilité et de violence ? Est-ce la notion même de solidarité qui est remise en cause ? L'identité revendiquée d'« organisation non gouvernementale » ne possède-t-elle plus aucun crédit ? Cela touche-t-il l'ensemble des acteurs ou une partie d'entre eux seulement ? Comment la symbolique humanitaire, forte et positive, s'est-elle dégradée, aboutissant aujourd'hui à une restriction des espaces d'intervention dans le monde, à une perte croissante d'immunité et à la permanence de préoccupations sécuritaires ?

L'insécurité des équipes révèle des mécanismes complexes et imbriqués de plusieurs ordres – politique, stratégique, ethnique, religieux, financier, mafieux… –, qui convergent pour créer de la violence ; par ces attaques, certains combattants entendent médiatiser plus facilement leur lutte et attirer les projecteurs pour s'imposer parfois comme des interlocuteurs incontournables – plus un groupe est isolé, plus il radicalise ses pratiques. Désormais, les approches des contextes d'intervention et le déploiement des missions doivent tenir compte de ces réalités. La capacité des organisations de solidarité internationale à agir, à secourir et à témoigner en dépend.

1968, UNE ANNÉE DE NAISSANCE

Le mouvement humanitaire moderne est né en 1968 avec la guerre du Biafra, l'un des conflits les plus sanglants de l'après-Seconde Guerre mondiale. Des voix de médecins s'élevèrent alors pour dénoncer la situation, alerter l'opinion publique et instituer la loi du tapage médiatique, opposant au devoir de réserve de la Croix-Rouge un devoir de parole. Médecins sans frontières fut créé en 1971.

La génération des « sans frontières » correspond à l'émergence d'une solidarité d'un genre nouveau, qui témoigne, dérange et interpelle, qui utilise la force émotionnelle des images télévisuelles pour déclencher la compassion du monde, nouant ainsi des alliances fortes – parfois trop fortes – avec les médias. C'est une génération qui, par le biais de l'opinion publique, veut peser sur les décisions de politique étrangère de son pays afin que les relations internationales ne soient plus réservées aux diplomates et aux militaires. C'est une génération qui revendique une place spécifique parmi les autres acteurs, apportant une aide médicale d'urgence au plus près des populations, tenant à son caractère apolitique et areligieux, indépendante à l'égard de ses gouvernants et attentive à l'origine de ses financements. Cette génération – des jeunes gens instruits et engagés, curieux des réalités du monde – s'est développée dans une Europe en pleine croissance économique, industrielle et démographique, dans un Occident conquérant, dominateur sur les plans intellectuel et scientifique.

Produit d'un système de pensée et de valeurs, le mouvement humanitaire moderne porte en lui une certaine culture sociale et politique. Médecins sans frontières, Médecins du monde, Handicap International, Action contre la faim et Aide médicale internationale, ainsi que leurs émules français et étrangers comptent parmi ces grandes ONG qui ont moins d'un demi-siècle. Les humanitaires modernes sont et demeurent donc des enfants d'Occident dans la manière dont ils pensent, dont ils se comportent et dont ils mènent leurs missions.

QUARANTE ANS PLUS TARD

Entre la guerre du Biafra qui, en 1968, constitua le moment fondateur, et la déroute de l'Arche de Zoé à la fin de l'année 2007, quarante années se sont écoulées. Indéniablement, voici la fin d'un cycle, qui a comporté la naissance du mouvement des *French doctors* dans les années 1970, son expansion à la décennie suivante, la confusion des rôles qui marqua les années 1990 et, en ce début du XXIe siècle enfin, des marques d'hostilité qui, si elles visent l'ensemble des acteurs de la solidarité internationale, doivent toutefois interroger cette génération des « sans frontières » sur ce qui fonde ses particularités.

Depuis les années 1970, l'environnement des humanitaires a évolué en profondeur.

Au niveau mondial, après les chocs pétroliers survenus en 1973 et en 1979, et après la chute du mur de Berlin en 1989, les forces en présence se sont équilibrées d'une autre manière : chaque continent a acquis un autre poids ; les dirigeants économiques et industriels ne sont plus les mêmes ; de nouveaux colosses ont vu le jour, depuis l'Inde jusqu'à la Chine.

Sur fond de mondialisation néolibérale, les revendications identitaires ont fragmenté les entités nationales. Le mouvement humanitaire a été confronté à un nouveau paradigme : les frontières à franchir ont changé de nature. Elles ne se résument plus aux limites géographiques d'un pays ou de la zone de contrôle d'un belligérant en cas de guerre civile, mais elles se superposent à une mosaïque de barrières nées d'alliances et de réalités politiques, tribales ou religieuses complexes. Cette fois, pour les traverser, il faut développer d'autres approches et affronter d'autres risques.

Désormais, tous les peuples assument leurs différences et revendiquent leur altérité ; et ceux qui bénéficient de la solidarité internationale brandissent une requête légitime : se sachant capables de peser sur leur propre destin, ils ne veulent plus être cantonnés au rôle de victimes sidérées par le malheur.

ENFANT D'OCCIDENT

Dans le nouvel équilibre mondial, l'Occident n'est plus considéré comme le modèle suprême et enviable. Aujourd'hui, un peu partout, il se voit reprocher sa volonté de suprématie et son arrogance. De nombreux pays refusent son ingérence économique, politique et culturelle. Lui qui se pensait et qui se pense toujours dépositaire de valeurs universelles estime pourtant leur diffusion et leur partage comme une évidence. Mais on dénonce son iniquité, ses actions non dénuées d'arrière-pensées politiques ou économiques, sa logique du « deux poids, deux mesures », le décalage flagrant entre ses discours et ses pratiques – la situation dans la bande de Gaza ou la lutte contre le sida sont devenues les symboles de cette incohérence scandaleuse. Et, de plus en plus souvent, les populations locales perçoivent les humanitaires, avec leur déploiement parfois massif de moyens logistiques, comme des intervenants dotés de richesses – et riches, tout simplement, parce qu'ils sont occidentaux.

Enfant d'Occident, l'humanitaire est pris dans cette réaction de rejet et se voit désormais perçu comme le représentant d'un universalisme européen sans complexe. Qu'on le veuille ou non, la génération des « sans frontières » est, pour des raisons historiques liées aux évolutions occidentales ainsi qu'aux équilibres internationaux des années 1970, le fruit d'une « civilisation » – pour reprendre un terme cher à l'actualité. Si elle a été un acteur de la solidarité internationale, elle a également été le produit d'exportation de cette « civilisation ». Et c'est cela qui ne passe plus. Tel qu'il s'est construit voici quarante ans, le mouvement humanitaire moderne souffre donc d'anachronisme.

Quelque chose de plus profond encore marque les relations établies entre les humanitaires occidentaux et les acteurs locaux : c'est leur assimilation, leur réduction à un conflit de civilisations. Qu'elle soit réelle ou instrumentalisée par les groupes les plus radicaux de tous bords, cette perception instaure une forme nouvelle de bipolarité, opposant l'Occident et ses valeurs au reste du monde.

Aux yeux des partisans de cette théorie du « choc des civilisations », les intervenants humanitaires constituent une thématique privilégiée, qui nourrit les débats : pour les uns, ils sont, plus que jamais, les champions de valeurs universelles qu'ils doivent d'autant plus diffuser qu'elles sont actuellement en péril ; pour les activistes du camp opposé, ils sont des cibles à haute valeur symbolique, car ils incarnent la négation conquérante de leurs propres repères...

Dans ce contexte, le déploiement humanitaire risque d'apparaître comme la version moderne des croisades. « Que peuvent les réalités contre les représentations ? » Voilà désormais une question cruciale – pour reprendre la formule de Régis Debray (*Un candide en Terre sainte*, Gallimard, 2008, p. 149).

Aujourd'hui, les ONG se retrouvent en première ligne, perçues comme les éclaireurs d'une doctrine, de valeurs et d'intérêts occidentaux, qui pénètrent dans des mondes désormais méfiants, hostiles ou aspirant simplement à occuper leur place.

LES RISQUES D'AMALGAME

Si la plupart des agressions dont sont victimes les volontaires ou les personnels humanitaires traduisent la remise en cause d'un Occident omnipotent et dominateur, elles reflètent également la confusion qui règne sur le terrain, créant chez les acteurs locaux des difficultés à saisir la spécificité des diverses organisations.

En effet, dans une même zone se côtoient le plus souvent des ONG qui n'obéissent pas toutes, loin s'en faut, aux mêmes logiques – sans oublier les agences spécialisées des Nations unies, le Comité international de la Croix-Rouge, la Fédération internationale de la Croix-Rouge et du Croissant-Rouge, les coopérations internationales bilatérales et multilatérales, enfin les opérations civilomilitaires !

La multiplicité des protagonistes et le brouillage des rôles aboutissent à un flou sur « Qui est qui ? » et « Qui fait quoi ? » À n'en pas douter, les populations locales auraient à leur tour bien besoin d'anthropologues pour décrypter les codes et les mobiles de chacun… Parler « des » humanitaires revient à évoquer une palette d'intervenants immense, dont l'origine géographique, le rapport au pouvoir, les types de missions ou la nature des budgets divergent.

En effet, dans le monde occidental, deux grands modèles d'ONG continuent de s'opposer : le modèle « wilsonien » et le modèle « dunantiste ». Inspiré des conceptions de Woodrow Wilson – président américain de 1913 à 1921 –, le premier envisage l'humanitaire et la politique étrangère d'un État comme poursuivant des objectifs complémentaires ; pour le second, héritier de la philosophie du Suisse Henri Dunant – le fondateur de la Croix-Rouge –, les ONG mettent en avant leur impartialité. Tandis que le premier règne outre-Atlantique, le second est plus répandu en Europe – même si l'orientation actuelle du gouvernement français est de s'aligner sur le modèle états-unien, ajoutant dès lors à la confusion. Dans un tel contexte, clarifier en permanence leur rôle s'avère crucial pour toutes les ONG qui tiennent à leur indépendance.

Aux yeux des protagonistes locaux, l'amalgame se fait, et tous les acteurs sont mis dans le même sac. Perçus, ou délibérément présentés par certains groupes armés, comme les supplétifs de leurs gouvernements ou les auxiliaires de troupes internationales, les humanitaires occidentaux sont pris au piège.

L'ÉQUIVOQUE ORIGINELLE

Les mécanismes complexes qui provoquent hostilité et violence ne sont pas aussi contemporains qu'on pourrait le penser. Car le flou, la confusion des rôles et les risques d'amalgame qui apparaissent désormais avec éclat étaient déjà présents en 1968 : quand ils s'impliquèrent dans l'immense mobilisation de la guerre du Biafra, les humanitaires d'alors n'occupaient pas des positions plus claires ou moins arrogantes que celles de leurs homologues d'aujourd'hui – des positions qui auraient été dévoyées.

Dès cette époque, en effet, tous les ingrédients des crises et des conflits actuels étaient là – la religion, la tension entre ethnies, les relations postcoloniales, l'affrontement de blocs, l'ingérence des grandes puissances, la convoitise pour les gisements pétroliers… –, de même que l'ambiguïté entre une action humanitaire et des stratégies politiques occidentales – en particulier la vieille querelle qui opposait la France à la Grande-Bretagne dans leur influence en Afrique. De nos jours, ces liaisons dangereuses font toujours parler d'elles. En réalité, les humanitaires n'ont pas, véritablement et en profondeur, modifié la nature et la forme de leurs actions. Mais leur environnement, lui, a changé.

Dès le début, les « sans frontières » ont su atteindre l'opinion publique par la presse et la télévision. Pendant quarante ans, le couple formé par les humanitaires et les médias a placé sur le devant de la scène médiatique de nombreux drames de la planète, du Biafra à la mer de Chine, de la Somalie à l'Afghanistan, du Rwanda à la Bosnie, du Timor au Darfour et du Kosovo à l'Irak. Cette emprise de l'opinion peut être considérée comme un progrès dans l'exercice démocratique appliqué aux relations internationales.

Mais est-ce là un phénomène réellement nouveau ? Ne s'agit-il pas d'une forme, plus subtile et plus contemporaine, de la volonté de masquer les intérêts géostratégiques d'un pays en prenant son opinion publique à témoin ? S'agirait-il d'une propagande plus adroite, dont les humanitaires seraient la cavalerie légère ? En 1968, la guerre du Biafra soulevait déjà de telles interrogations. Par ailleurs, la démarche qui fit passer du « devoir » d'ingérence au « droit » d'ingérence reste entachée des mêmes doutes et des mêmes équivoques qu'il y a quarante ans. Ce concept est-il réellement applicable ? Ne faut-il pas plutôt veiller à l'application du droit international humanitaire ? Et, en revendiquant ce droit d'ingérence, les ONG ne risquent-elles pas d'être accusées d'en faire bénéficier la politique étrangère de leur pays ? Car ce sont justement les défenseurs d'un universalisme européen flamboyant qui, en son nom, prônent ce droit.

Dans un contexte général où le droit international n'est ni appliqué ni respecté, les groupes armés cherchent, en usant de la violence à l'encontre des humanitaires, à s'opposer à une présence internationale qu'ils ressentent avant tout comme une ingérence occidentale.

PEUVENT-ILS RESTER DES « PASSEURS DE MONDES » ?

Depuis quarante ans, les acteurs humanitaires sont les mêmes, dotés des mêmes motivations et affrontant la même complexité, mais les règles, les contextes et les perceptions ont changé. Malgré leurs efforts pour résister aux diverses manipulations de leur gouvernement, les ONG occidentales ne sont plus perçues comme des entités indépendantes et impartiales. Afin de protéger leurs équipes sur le terrain, elles doivent en tirer des leçons pour l'avenir.

Que faire ? Renoncer ? Poursuivre sans considérer la nouvelle donne ? Évoluer pour rester des acteurs avertis et efficaces ? Il n'existe pas de recette unique, universelle et transposable à toutes les situations internationales. L'enjeu se situe donc bien là : soit les humanitaires sauront s'adapter et continueront à participer à une forme de solidarité – certes modeste, mais souvent efficace –, soit ils devront arrêter leurs missions ou se recroqueviller sur des zones de plus en plus restreintes.

À la remise en cause de leur avenir propre s'associe une autre remise en cause, plus générale : celle des mécanismes qui permettent à des intervenants non étatiques, non inféodés à des logiques gouvernementales, d'engager des actions de soutien et de secours aux populations. À quelles conditions les humanitaires peuvent-ils rester des « passeurs de mondes » ? Les réponses à cette question sont les nouveaux défis à relever.

DES VOIES OÙ S'ENGAGER

Fort de ses expériences acquises sur des terrains multiculturels, le mouvement humanitaire moderne possède de nombreux atouts, qui sont ses capacités à analyser, à réagir et à s'adapter. Les stratégies pour maintenir les principes et la dynamique qui présidèrent à sa naissance peuvent emprunter plusieurs voies.

La priorité des organisations de solidarité internationale reste leur faculté à fournir une aide et des soins à des personnes confrontées à des situations de crise ou de dénuement extrême. Accéder aux populations et conserver une proximité, voilà ce qui les amène à de témoigner des situations et de leurs contextes. Afin d'assurer la sécurité de leurs équipes, elles doivent alors se donner les moyens de leur engagement en se dotant d'outils confirmés et de compétences maximales.

Pour préserver leurs capacités d'intervention et de mobilisation, elles doivent en permanence réaffirmer leur caractère non gouvernemental – mais pas antigouvernemental. Par leurs relations étroites avec les réseaux locaux, elles doivent avec constance expliquer leurs différences – avec les autres ONG, les Nations unies ou les forces militaires. Pour éviter toute confusion, elles doivent clarifier leurs positions, leurs rapprochements, leurs alliances.

Parce qu'elles connaissent la complexité du monde et qu'elles jouissent d'une liberté de parole, elles peuvent s'inscrire en faux contre toutes les logiques simplistes visant à démontrer le caractère inéluctable du « choc des civilisations ».

Aujourd'hui, même dans les pays les plus pauvres, la solidarité internationale est mise sous conditions. L'aide humanitaire doit donc être dépourvue de tout esprit de supériorité ou d'arrogance, respectant les modes de vie et les valeurs propres aux populations côtoyées, sans jamais se départir d'une forme d'humilité.

Dans leurs interventions médicales, elles ont à prendre en considération les dimensions socioculturelles des personnes soignées. La situation actuelle a sonné le glas des programmes standardisés ; et si la rigueur des pratiques reste une nécessité, elle ne constitue plus pour autant un gage d'efficacité, d'acceptation et de sécurité.

Au nom d'un principe de réalité, il revient aux humanitaires occidentaux d'avoir l'intuition et l'intelligence de partager leur savoir-faire, sans renoncer pour autant à leurs principes fondateurs : en aidant à l'émergence d'autres acteurs, issus d'autres continents, appartenant à d'autres cultures et reflétant d'autres sensibilités ; en étant à leurs côtés dans les grandes opérations de solidarité internationale. Car l'enjeu du XXIe siècle est de dégager l'humanitaire de son contexte occidental : dans ce domaine comme dans d'autres, l'Europe n'est plus au centre du monde.

Témoins actifs des nouvelles réalités internationales, de leurs logiques et de leurs rapports de force, les ONG doivent contribuer, dans l'opinion publique comme chez les gouvernants de leur pays, à faire évoluer les représentations, parfois stéréotypées et arrogantes, qui prévalent sur l'« état du monde ». Les chancelleries françaises à l'étranger ne rendent pas toujours compte de la nouvelle donne, de l'émergence actuelle de puissances, de souverainetés et de susceptibilités différentes – et aucun dirigeant politique n'aime évoquer ce qu'il ne peut assortir de mesures correctives rapides, donc rassurantes.

À l'heure de la mondialisation de l'information, rien d'étonnant à ce que la manière assez indigne dont la France traite les personnes étrangères influe sur le mauvais accueil qui, au-delà des frontières, peut être réservé aux associations humanitaires ; il revient donc à celles-ci d'être vigilantes et mobilisées face aux discours et aux stratégies mises en œuvre dans le cadre des politiques migratoires actuelles.

RESTER UN CONTRE-POUVOIR

Depuis quarante ans, les mêmes questions reviennent, les mêmes enjeux sociaux et politiques se rejouent, tel un boomerang lancé en 1968. Les ONG occidentales ont-elles la possibilité réelle de former un contre-pouvoir à l'action gouvernementale, tantôt en synergie, tantôt en complément, tantôt en opposition ? Les ONG peuvent-elles véritablement constituer une alternative aux visées géostratégiques des grandes puissances ? Sont-elles en mesure de faire entendre une voix discordante pour informer l'opinion publique de leur pays et, d'une manière modeste, pour l'aider à infléchir certaines politiques ?

Par les constats qu'ils rapportent des pays d'intervention, par leur connaissance aiguë des réalités du monde et par le maintien de leur indépendance, les humanitaires doivent continuer à jouer, auprès de leurs États, ce rôle essentiel de contre-pouvoir et d'expérimentation ; en cela, ils se montrent fidèles à l'esprit de Tocqueville qui, en 1835, considérait l'association comme un outil majeur pour la construction de la vie démocratique.

Le mouvement humanitaire moderne porte en lui la vision de l'homme qui fut celle d'Henri Dunant, l'instigateur de la fondation de la Croix-Rouge en 1863 – suivie un an plus tard par la signature de la première convention de Genève. Une vision humaniste, fondée sur le respect de la liberté et de la dignité, comme de l'intégrité physique et morale, hors de toute discrimination liée à la nationalité, à la race ou à la religion. Un humanisme qui s'inscrit dans la lignée de la Déclaration des droits de l'homme et du citoyen de 1789, dans ce libéralisme politique du siècle des Lumières qui lutta contre la tutelle de l'État et de l'Église.

LE NOUVEAU DÉFI

Plutôt que de verser dans un fatalisme ou dans un déclinisme et de pleurer une grandeur perdue, dont les *French doctors* constitueraient l'un des derniers reliefs, au service du rayonnement de la France, il s'agit au contraire de réaffirmer la double mission des organisations humanitaires : défendre l'idée d'une solidarité universelle, fondée sur une efficacité médicale ; l'inscrire dans une approche respectueuse de l'autre. De l'ensemble des constats et des analyses peut naître une opportunité extraordinaire : celle de trouver sa place dans le nouvel équilibre mondial.

En 2008, le mouvement humanitaire moderne célèbre ses quarante ans, et il peut être fier de ses réalisations et des espoirs qu'il continue d'incarner.

Quarante ans, c'est l'âge de la maturité et de la lucidité, indispensables pour revenir sur ce qu'il est, sur ce qu'il a fait, sur les erreurs commises, pour recnnaître que, si les forces en présence et les enjeux contemporains le dépassent, ils n'entament pas pour autant sa volonté d'agir. Situé à la croisée des mondes, témoin des évolutions et des drames, il peut aujourd'hui partager les enseignements qu'il a tirés de sa faculté à se décentrer.

Une nouvelle période s'ouvre, celle de l'adaptation et de la métamorphose, imposées par la réalité.

Ne laissons pas l'action humanitaire se figer dans un anachronisme, né d'une incapacité à liquider son ethnocentrisme originel. Tel est son nouveau défi.

LE REGARD D'UN HUMANITAIRE

Tous les événements évoqués dans ce livre concernent uniquement des associations humanitaires originaires de France : Médecins sans frontières, Médecins du monde, Action contre la faim, Terre d'enfance, l'Arche de Zoé... Loin de refléter un quelconque chauvinisme, cela permet d'établir d'une manière précise les liens qui unissent l'émergence d'une insécurité générale et les relations entretenues avec le gouvernement.

Dans cet ouvrage, j'ai présenté des réflexions développées tout au long de mon expérience de plus de vingt ans à Médecins du monde. Il ne s'agit pas de placer l'association que je préside en donneuse de leçons, mais de faire en permanence des allers-retours entre cette expérience et la prise de recul nécessaire.

Si la plupart de mes analyses et de mes positions sont aujourd'hui largement partagées par les membres de Médecins du monde, elles constituent toutefois, et d'une manière fondamentale, un point de vue personnel. C'est le regard d'un acteur humanitaire sur ce début de XXIe siècle.

Première partie

La remise en cause

1

Quand les rôles de chaque intervenant se brouillent

Le cyclone Nargis en Birmanie, mai 2008

Le 2 mai 2008, le cyclone Nargis frappa la Birmanie. Selon les sources officielles, il fit près de quatre-vingt mille morts et cinquante-six mille disparus dans un pays qui, quelques semaines auparavant, avait subi des répressions violentes à la suite de manifestations ; une partie de la population et des moines bouddhistes avaient protesté contre la hausse des prix des produits de première nécessité.

Très vite, il apparut que la junte militaire au pouvoir entendait filtrer l'aide internationale, qu'elle n'accepta qu'après plusieurs jours de négociations et d'une façon extrêmement contrôlée.

Cela amena le ministre français des Affaires étrangères et européennes, Bernard Kouchner, à proposer le 7 mai 2008 « une résolution qui impose le passage [de l'aide humanitaire] au gouvernement ».

La Russie et la Chine, soutenues par l'Afrique du Sud, ainsi que la Libye et le Viêt Nam refusèrent catégoriquement que la question birmane fût abordée au Conseil de sécurité de l'Organisation des Nations unies. Pour les autorités birmanes, le Conseil de sécurité était responsable du maintien de la paix et de la sécurité internationale, pas des problèmes humanitaires liés à des catastrophes climatiques.

DEUX INTERPRÉTATIONS DU DROIT INTERNATIONAL

À cette période, la France tentait d'apaiser les tensions qui marquèrent ses relations avec le gouvernement chinois après l'évocation, par le président de la République, d'un éventuel boycott de la cérémonie d'ouverture des jeux Olympiques, à Pékin. Aussi est-ce avec une pointe d'ironie que, pendant les négociations visant à obtenir une position du Conseil de sécurité sur la situation birmane, un conseiller politique chinois évoqua le fait que, lors de la canicule meurtrière qui avait touché la France en 2003, il n'avait pas été question de saisir le Conseil de sécurité, bien que les autorités françaises aient paru dépassées par les événements…

Au-delà de cette anecdote édifiante, on assista à deux interprétations distinctes du droit international à l'égard d'une dictature telle que celle qui sévit en Birmanie.

La responsabilité de l'État sinistré

À la suite du cyclone Nargis, la France, par la voix de son ministre des Affaires étrangères, évoqua la résolution 43/131 votée le 8 décembre 1988 par l'Assemblée générale de l'ONU. Réaffirmée par la résolution 62/92 du 1er février 2008, cette résolution souligne le principe selon lequel, lors d'une catastrophe naturelle, c'est à l'État sinistré qu'incombe la responsabilité d'organiser, de coordonner et d'exécuter les activités d'aide humanitaire ; s'il peut recevoir des secours en provenance d'autres États, rien ne l'oblige à accueillir les secouristes étrangers.

Du reste, telle fut la position qu'adopta la Chine après le séisme qui, dix jours après le cyclone Nargis, frappa la province de Sichuan.

La « responsabilité de protéger »

Pour la diplomatie française, il fallait, face à la carence des autorités birmanes, évoquer un « principe de subsidiarité » et forcer l'entrée dans le pays de l'aide internationale. En effet, dans une autre de ses résolutions – la résolution 1674 du 28 avril 2008 –, le Conseil de sécurité des Nations unies accepta le principe d'une « responsabilité de protéger » les populations en cas de génocide, de crimes contre l'humanité ou de crimes de guerre. Pour être applicable, cette résolution doit recueillir l'accord du Conseil de sécurité. Or, comme cela a été évoqué, cinq pays s'y opposèrent.

La position du gouvernement français – appliquer la « responsabilité de protéger » dans le contexte d'une catastrophe naturelle sur fond de défaillance majeure de l'État birman – se heurta donc aux réalités des nouveaux rapports de force internationaux, dont les décisions du Conseil de sécurité de l'ONU constituèrent une déclinaison concrète.

DE LA CONFUSION

Lors de la même urgence, certaines associations humanitaires n'hésitèrent pas à afficher leur partenariat avec les autorités françaises dans le secours porté à la population birmane.

Ainsi, un communiqué de presse diffusé par Action contre la faim, le 9 mai 2008, contenait en préambule le résumé suivant :

« Cyclone Nargis : ACF envoie 40 tonnes d'aide et 6 expatriés.

« Tandis que les équipes sur place ont acheminé le premier envoi à Bogalay, une équipe de 6 volontaires supplémentaires part pour Rangoon samedi 10 mai et 40 tonnes de nourriture et de matériels d'ACF devraient être envoyées via l'avion affrété par le gouvernement français. »

Lors des réunions de coordination qui, à Paris, précédèrent la mobilisation des diverses organisations non gouvernementales, d'autres associations humanitaires évoquèrent par ailleurs la possibilité d'un partenariat avec le groupe Total, présent en Birmanie. Au cours de cette catastrophe, tous les ingrédients de la confusion des rôles étaient donc réunis dans la mise en œuvre de l'aide internationale.

2

Quand l'amateurisme se heurte à la complexité

L'Arche de Zoé au Tchad, octobre 2007

Le 25 octobre 2007, six membres de l'Arche de Zoé, parmi lesquels son président, furent arrêtés par les autorités tchadiennes : ils s'apprêtaient à faire sortir du continent africain cent trois enfants, pris en charge par cette association à la frontière entre le Tchad et le Darfour ; furent également interpellés deux journalistes ainsi que les membres de l'équipage de l'avion affrété à cet effet.

Au terme d'une procédure expéditive au Tchad – le procès se tint du 21 au 26 décembre –, les six membres de l'association furent accusés de tentative d'enlèvement ; ils furent condamnés à effectuer huit années de travaux forcés et à verser 6,3 millions d'euros aux familles des cent trois enfants.

Le 28 décembre, ils furent transférés sur le territoire français.

Le 28 janvier 2008, le tribunal de Créteil commua la peine prononcée au Tchad en huit années de prison pour l'ensemble des accusés.

Le 31 mars, le président tchadien Idriss Déby accepta de gracier les six membres de l'Arche de Zoé, ce qui entraîna leur libération. Malgré cette mise en liberté, ils restent sous le coup d'une instruction menée à Paris pour « exercice illégal de l'activité intermédiaire en vue d'adoption », « aide au séjour irrégulier de mineurs étrangers en France » et « escroquerie ».

UNE ACCUMULATION D'ERREURS

On a beaucoup parlé, beaucoup écrit sur l'affaire de l'Arche de Zoé. Aujourd'hui, plusieurs points sont à reprendre et à souligner sur son déroulement, ses zones d'ombre, ses implications politiques, diplomatiques, militaires, humanitaires…

L'issue de cette affaire résulte d'une conjonction de facteurs. Elle puise son origine dans des sources diverses : pour partie sur le terrain, au Tchad et au Darfour, pour partie en France. Elle mêle des protagonistes dont les mobiles, les compétences et les comportements ont abouti à une sorte d'équation fatale. Les grands perdants sont les associations humanitaires, dont la crédibilité a été entamée et, peut-être, leur capacité de déploiement au Darfour voire dans toute l'Afrique de l'Ouest.

Les faux pas

Les membres de l'Arche de Zoé tentèrent de sortir du Tchad cent trois enfants, et ce au détriment de toutes les règles légales de protection de l'enfance et avec un amateurisme stupéfiant.

C'est au cours de deux reportages télévisés, réalisés par des journalistes associés à l'opération, que l'incapacité de l'Arche de Zoé à effectuer une prise en charge médicale, psychologique et sociale digne de ce nom fut révélée d'une manière accablante. Aucune preuve ne fut apportée ni sur le statut d'orphelin des enfants ni sur leur origine géographique.

La décision du tribunal de Créteil, en janvier 2008, de commuer la peine tchadienne en huit années de prison est un jugement sur la forme ; en effet, le tribunal estima « qu'il n'avait pas le pouvoir de rejuger les faits, d'apprécier la culpabilité des condamnés ou l'opportunité des sanctions prononcées par la juridiction étrangère ». Ce jugement laisse dubitatif sur l'analyse de fond et écarte les atteintes au droit international dont témoigne cette affaire.

Survenue deux mois plus tard, la grâce du président tchadien met de côté un certain nombre de questions, dont celle de la condamnation pécuniaire : les 6,3 millions d'euros que les six inculpés doivent solidairement aux familles des cent trois enfants seront-ils payés, et si oui comment ?

Il ne s'agit pas ici de crier avec les loups. Mais on attend de la justice française, en complément de la procédure réalisée au Tchad, qu'elle détermine avec précision les différents niveaux de responsabilités – entre les organisateurs de l'opération, entre les volontaires qui, de bonne foi, se sont prêtés à ce projet –, les complicités que cette action laisse supposer ainsi que les liens éventuels avec des commanditaires restés dans l'ombre.

L'absence de transparence

Cette aventure aurait connu un déroulement et une issue tout autres si les responsables de l'Arche de Zoé avaient, d'une manière claire, exprimé à leurs collaborateurs tchadiens le programme exact qu'ils entendaient mener à l'égard des enfants.

Un flou manifeste entoura l'origine géographique des cent trois enfants qui furent sur le point d'être exfiltrés du Tchad. Le « recrutement » approximatif de certains enfants par des employés tchadiens de l'Arche de Zoé y contribua ; d'une manière officielle, les responsables de l'association leur avaient présenté un projet qui consistait à accueillir transitoirement ces enfants dans un orphelinat d'Abéché et à leur donner une chance de plus, grâce à un soutien scolaire. Ce qui apparut rétrospectivement comme une gigantesque mystification sembla sans doute, aux yeux des employés tchadiens, comme bénéfique, puisque les enfants recrutés bénéficieraient d'une meilleure scolarité que celle assurée dans leurs villages respectifs.

De ce fait, les approximations de ces « chercheurs d'orphelins » minimisaient les conséquences de leur action. Le soir de l'annonce, devant les caméras de la chaîne de télévision M6, aux yeux des personnels tchadiens elles apparurent très différentes du projet réel. On découvrit alors, en images, le désarroi et la peur qui avaient saisi ces personnels africains ; soudain, ils prenaient conscience des implications de leur complicité – images poignantes, qui traduisent l'étendue de la forfaiture. Dans un raccourci télévisuel implacable, on mesura concrètement l'asymétrie des risques pris par des humanitaires, de passage, et ceux pris par le personnel local.

Une utilisation non autorisée

Médecins du monde fut très attentif aux événements, non seulement par son implication au Tchad et au Soudan, mais également parce qu'il est le premier organisme agréé pour l'adoption internationale (OAA) en France – une information moins connue du grand public.

Quelques mois avant le déclenchement de l'affaire, l'association eut d'ailleurs maille à partir avec l'Arche de Zoé après avoir constaté, sur leur site Internet, l'affichage de son logo ; leur projet d'exfiltration de centaines d'enfants présentés comme des victimes du conflit au Darfour était déjà en cours.

Compte tenu des éventuelles conséquences de cette utilisation non autorisée, Médecins du monde assigna l'Arche de Zoé en référé et obtint son retrait par le tribunal. La suite des événements n'allait pas faire regretter ce formalisme juridique, qui valut pourtant une certaine réprobation de la cour : elle souhaita que Médecins du monde assumât seul les frais de procédure pour avoir choisi une modalité d'interpellation trop procédurière…

Les zones d'ombre

Comment ne pas voir dans l'affaire de l'Arche de Zoé des ramifications complexes ; en effet, tout au long de cette aventure affligeante se multiplièrent les zones d'ombre.

Pourquoi l'Arche de Zoé emprunta-t-elle sur le terrain un nom de couverture, celui de l'association Children Rescue ?

Qui – quelles personnes et quelles institutions – compose exactement son conseil d'administration ?

Quel fut le niveau d'informations des divers ministères concernés ? En particulier, le ministère des Affaires étrangères en France était-il au courant ?

Comment fut-il possible d'organiser, d'une manière assez confidentielle, la préparation d'une telle opération dans l'est du Tchad ?

Qui permit et favorisa l'atterrissage d'un avion gros porteur à quelques centaines de mètres seulement d'une base militaire française – dont le mandat est de participer à la sécurité globale de la région ainsi qu'à la surveillance de la zone frontière avec le Darfour tout proche ?

À leur libération, Me Guidicelli, l'avocat de deux des six volontaires de l'Arche de Zoé, déclara maintenir la démarche en appel effectuée à la suite du jugement prononcé par le tribunal de Créteil ; selon lui, ce maintien en appel vise à démontrer que ses clients sont « totalement innocents » et qu'ils « ont été trahis de toutes parts, notamment par certains au niveau du Quai d'Orsay » (dépêche de l'Agence France-Presse, 1er avril 2008).

COMMENT UNE TELLE AFFAIRE A-T-ELLE PU SE PRODUIRE ?

L'affaire de l'Arche de Zoé soulève de nombreuses questions d'une nature différente.

Quelle fut l'interprétation faite, en France et dans le monde, de la situation humanitaire au Darfour ?

Quelles furent les modalités de la présence militaire au Tchad ?

Quelle fut la gestion politique du dossier par le gouvernement français ?

Quelles furent les représentations de l'intervention humanitaire française en Afrique ?

Quelle fut la perception, par les Africains, de l'action humanitaire sur leur continent ?

Il est important de comprendre les mécanismes qui conduisirent à l'affaire de l'Arche de Zoé et d'analyser en quoi elle eut et pourrait avoir des répercussions importantes sur les actions humanitaires, en particulier françaises.

La raison invoquée par l'Arche de Zoé pour justifier son opération se fondait sur l'affirmation suivante : au Darfour se joue un drame humanitaire d'une ampleur considérable, qui conduit à des massacres ; les exactions commises génèrent des milliers d'orphelins – le projet initial était d'extraire plus de dix mille orphelins... La position des dirigeants de l'association était claire : Comment rester indifférent au sort de ces orphelins ?

L'affirmation de l'Arche de Zoé était contredite par l'ensemble des ONG actives sur place – même si, pour ce territoire grand comme la France, il convient de rester prudent sur le décompte exact des victimes de la violence.

En 2003, le Darfour connut des massacres dont le nombre de morts est estimé à cent cinquante mille ; les événements générèrent des centaines de milliers de déplacés internes et de réfugiés. Quatre ans plus tard, en 2007, la situation était sans commune mesure : le décompte de personnes décédées était estimé à cent par mois environ. Cette région connaissait alors un soutien humanitaire sans précédent par son volume, avec la présence sur le terrain de dix mille volontaires, assorti de soutiens sanitaire, logistique et alimentaire massifs. Mais, cette réalité, des groupes de pression ne voulaient pas la voir.

LA CAMPAGNE DE COMMUNICATION POUR LE DARFOUR

Pendant toute l'année 2007, une intense campagne médiatique fut menée aux États-Unis pour sensibiliser l'opinion publique sur la situation au Darfour : des groupes de pression tels que Save Darfur et des acteurs célèbres tels que George Clooney s'impliquèrent fortement dans cette mobilisation.

En France, le collectif Urgence Darfour et Sauver le Darfour reprirent à leur compte l'analyse selon laquelle la situation restait catastrophique, allant jusqu'à parler de « génocide ». Pour ces associations françaises – qui sont des groupes de pression et non des associations humanitaires agissant sur le terrain –, les mobilisations du monde humanitaire et de la communauté internationale étaient toujours insuffisantes ; dans ce dossier, elles n'hésitèrent pas à reprocher aux ONG leur frilosité, qu'elles interprétèrent comme le refus de s'aligner sur des positions américaines, refusées par dogmatisme : « ils sont terrorisés d'élever la voix contre Khartoum », lut on dans la presse, car « pour une fois les « méchants » ne sont pas des Blancs soutenus par des Américains mais des Arabes aidés par des Chinois » (cité par Philippe Bernard, « Le milieu humanitaire français se déchire à propos du Darfour », *Le Monde*, 16 mai 2007).

Une thèse réfutée

Les humanitaires présents sur le terrain réagirent pour réfuter les chiffres des victimes au Darfour. Aujourd'hui, le décompte des morts survenues lors des conflits récents fait l'objet d'âpres discussions ; en effet, des équipes d'épidémiologistes telles que celles du Center for Research on the Epidemiology of Disasters (CRED), rattaché à l'université de Louvain, remettent en cause les chiffres annoncés en République démocratique du Congo, en Irak et au Darfour : « Les lobbies de bonne volonté, comme Save Darfur, font du tort à la vérité et à leur cause », estima la directrice du CRED (cité par Philippe Bolopion, « Les bilans des morts de guerres, enjeux politiques », *Le Monde*, 12 avril 2008).

Les humanitaires dénoncèrent également la rhétorique des groupes de pression ; ils s'opposaient en particulier à la thèse selon laquelle le conflit au Darfour se réduisait à une lutte entre un islam radical et un islam modéré. Il s'agit là d'un point crucial dans la lecture faite des événements. Je prends le parti de revenir longuement sur l'analyse de ce processus, car il n'est pas sans conséquences pour tous ceux qui refusent de considérer le monde d'aujourd'hui à travers un seul prisme : le « choc des civilisations » (voir le chap. 15).

Si, à grands renforts d'une médiatisation bien huilée, l'exfiltration des enfants avait réussi, n'aurait-elle pas constitué un événement qui justifiait le déploiement rapide d'une force dans l'est du Tchad ? N'aurait-elle pas été prise pour un signe, faussement objectif, qui étayait la thèse d'un drame ayant toujours cours au Darfour sur fond d'exactions commises par les tenants d'un islam agressif ? Autrement dit, à qui aurait profité cette opération, si ce n'est aux adeptes, en France, d'une logique présentant en permanence le Darfour comme un haut lieu de l'expression contemporaine de ce « choc des civilisations » ?

Une réunion médiatisée

Le point d'orgue de l'immense campagne de sensibilisation fut, le 20 mars 2007, en pleine campagne présidentielle française, la grande réunion publique qu'organisa le collectif Urgence Darfour à la salle de la Mutualité ; aux nombreux intellectuels venus en soutien se joignirent quelques-uns des principaux candidats en lice.

Bernard-Henry Lévy, Bernard Kouchner, Ségolène Royal, François Bayrou et beaucoup d'autres assistèrent à cette manifestation parisienne hautement médiatisée.

De cette campagne sortit un engagement, que la plupart des candidats à la présidentielle reprirent à leur compte : la France devait se faire le moteur du déploiement d'une importante force d'interposition de l'ONU au Darfour, en lieu et place du contingent de huit mille hommes alors présent sur le terrain et placé sous l'égide de l'Union africaine.

La réaction de Médecins du monde

Pour Médecins du monde, clarifier sa position sur ce conflit était d'autant plus important qu'un des dirigeants d'Urgence Darfour était un ancien président de l'association ; il convenait donc de réagir d'une manière très officielle afin de ne laisser place à aucune ambiguïté. C'est ce que visa, en avril 2007, la diffusion du texte suivant :

> « ***Darfour : le périlleux équilibre des humanitaires***
>
> « *Depuis plusieurs semaines se développe à l'initiative du collectif* « *Urgence Darfour* » *une intense campagne de communication et de plaidoyer visant à mettre sous le feu des projecteurs le sort de la population de cette région de l'ouest du Soudan. Pourtant on peut constater via les tribunes et les communiqués de presse élaborés après la manifestation de la Mutualité combien cette campagne soulève de réticences de la part des ONG humanitaires de terrain.*
>
> « *Pourquoi, alors que le sort de la population du Darfour et en particulier celle vivant hors les camps de déplacés soulève de légitimes inquiétudes, les associations humanitaires sont-elles rétives voire opposées à la démarche engagée par le collectif ?*
>
> « *La stratégie, les postures et la rhétorique de ce collectif entraînent de fait les ONG qui rejoindraient cette dynamique dans des logi-*

ques dont nous entendons, à Médecins du monde, nous préserver. Nous ne pouvons nous résoudre à circonscrire le conflit au Darfour à une lutte entre « un islam modéré et un islam radical ».
« Ce conflit ancien et meurtrier, dont le paroxysme de la violence a été atteint en 2003, est multiple et complexe dans ses origines. Il est fait de rivalités entre agriculteurs sédentarisés et pasteurs nomades, renforcées par les évolutions climatiques et les changements de comportements de groupes pratiquant l'élevage pastoral.
« C'est aussi un conflit nourri de tensions anciennes, ou plutôt d'une indifférence faite d'immobilisme et d'épisodes de répression de la part du pouvoir central de Khartoum vis-à-vis de la population de cette lointaine province.
« C'est également la résultante d'ingérences étrangères multiples, en particulier de la part des voisins à la vie politique turbulente que sont le Tchad et la Libye.
« C'est enfin, de par la mosaïque des communautés en présence, un conflit qui a pour conséquences l'activation de rancœurs voire de haines reposant sur des bases ethniques.
« Nos équipes côtoyaient chaque jour ces éléments de complexité au gré des mouvances et des évolutions qui font se faire et se défaire des alliances entre groupes en présence. Cela témoigne du caractère labile et opportuniste des accords conclus entre les différents mouvements armés.
« Nous réfutons donc une grille de lecture du contexte qui serait fondée sur les seuls critères ethniques ou religieux. C'est précisément cette dialectique, simplificatrice à l'extrême, qui est utilisée aujourd'hui dans de nombreux pays, de l'Afrique à l'Europe, pour justifier de violences. Cela masque, chemin faisant, les responsabilités politiques et les mécanismes d'intérêts économique et financier à l'origine de bien des situations.

« Nous ne pouvons nous résoudre à lire nos terrains d'intervention au travers du seul prisme de la radicalisation religieuse. Cela reviendrait à substituer à l'analyse fine des situations locales une logique de bloc mettant en présence les « nouveaux croisés », que seraient les Occidentaux dont les humanitaires, avec des populations qui, parce que musulmanes, seraient forcément otages ou vectrices d'un djihadisme radical. C'est une vision du monde que nous réfutons par principe mais aussi parce que nous constatons chaque jour en Irak, entre autres, où cette rhétorique nous a conduits. Rappelons que dans ce pays trois mille personnes perdent la vie chaque mois. Quand les termes de l'équation deviennent simplistes, les mobiles de la démonstration peuvent devenir suspects.

« Nous refusons par ailleurs la manipulation et l'hypocrisie qui consistent à ce que les décisions d'intervention militaire soient subordonnées à notre seule interpellation. Pourquoi attendre de témoignages que nous ne sommes aujourd'hui pas en mesure de fournir la justification d'opérations militaires à l'heure où le pouvoir de résolution des satellites permet la lecture des plaques d'immatriculation des véhicules sur n'importe quel point de la planète ?

« Pourquoi hypothéquer la capacité d'agir présente et future des ONG en leur faisant jouer le rôle de détonateur de conflits internationaux alors que tant d'autres sources d'informations sont présentes et peuvent être mobilisées ?

« Au moment où les radicalismes du monde musulman utilisent ce type de confusion pour assimiler l'ensemble des intervenants, y compris les humanitaires, à des supplétifs des armées occidentales et/ou étrangères, nous devons nous protéger de ce type de manipulations véhiculées par d'autres radicalismes, occidentaux ceux-ci. À terme, il y va de notre capacité d'intervention dans

l'ensemble du monde arabo-musulman mais pas seulement. Sinon bien d'autres pays et régions viendront allonger la liste des lieux inaccessibles aux humanitaires ou très dangereux tels l'Irak, l'Afghanistan, le Sri Lanka...

« Face à la complexité de la situation locale, l'équilibre est en effet précaire entre d'inefficaces et dangereuses déclarations intempestives et l'adaptation résignée à des violences qui, au-delà des cibles humanitaires, signeraient la reprise des massacres de 2003. »

Une force militaire, des corridors humanitaires

Après son accession au pouvoir, Nicolas Sarkozy se saisit des engagements pris pendant la campagne présidentielle ; c'est à l'un des participants à la réunion de la Mutualité, Bernard Kouchner, entre-temps nommé ministre des Affaires étrangères et européennes, qu'il confia le soin de promouvoir la constitution d'une force militaire au Darfour ainsi que son déploiement depuis le Tchad voisin. Par ailleurs, Bernard Kouchner proposa d'ouvrir des corridors humanitaires qui, très vite, furent réfutés par l'ensemble des acteurs de terrain : comment les mettre en place dans une région grande comme la France ?...

Les tractations devant contribuer à la constitution de cette force hybride, placée entre les troupes de l'ONU et celles de l'Union africaine, sont toujours en cours entre les autorités soudanaises, très retorses en la matière, et les pays contributeurs, qui rechignent à investir les ressources nécessaires. Pour rendre ces mesures efficaces, il manque en particulier des hélicoptères, indispensables à la configuration du terrain ; la Russie semble disposée à en fournir.

L'élan compassionnel

C'est sur le terreau d'une intense médiatisation de la situation au Darfour que naquit, en France, un élan compassionnel : il mobilisa l'Arche de

Zoé, une association créée quelque temps auparavant d'un même élan humanitaire extrêmement médiatisé – le tsunami en Asie, en décembre 2004.

Dans un tel contexte, l'Arche de Zoé décida de faire fi de toutes les règles du droit soudanais et du droit international en matière d'adoption. De ce point de vue, son opération fut également rendue possible par les difficultés que les familles en demande d'adoption rencontrent dans notre pays.

LA SITUATION DE L'ADOPTION EN FRANCE

Tandis que huit mille agréments sont délivrés chaque année en France, six mille seulement aboutiront à une adoption. L'agrément est valable cinq ans ; au fil des années, la liste d'attente s'allonge : aujourd'hui, vingt-cinq mille couples sont en attente d'un enfant. Dans neuf cas sur dix, les couples se tournent vers les pays étrangers, car le nombre d'enfants adoptables en France s'est considérablement réduit ; si mille enfants naissaient sous X en 1970, de nos jours ils ne sont plus que huit cents par an.

Chaque année, quarante mille enfants sont adoptés dans le monde – les États-Unis en accueillant plus de la moitié ; dans les demandes d'adoption internationale, la France a été « déclassée » de sa première place européenne par l'Espagne, suivie de peu par l'Italie.

Une forme de solidarité internationale

Médecins du monde est la seule ONG médicale française possédant un statut d'organisme autorisé pour l'adoption (OAA) ; elle est le premier OAA en nombre d'adoptions réalisées en France au profit d'enfants originaires d'autres pays. Le développement de cette activité est né du constat que, dans la plupart des pays pauvres, les enfants constituent une population très vulnérable, une fragilité décuplée quand il s'agit d'orphelins placés en institution et non pris en charge par la famille élargie, comme c'est la coutume dans certains pays. Au Népal, par exemple, la situation des enfants placés en orphelinat est catastrophique : selon des témoignages recueillis sur place, le taux de mortalité des nourrissons de moins de un an confiés aux orphelinats publics, à Katmandou, avoisine les 100 %.

Les grandes orientations

Médecins du monde considère l'adoption comme l'un de ses programmes de solidarité internationale, qui est à mener dans le strict respect du droit français, du droit des pays d'origine et des conventions internationales qui régissent les procédures d'adoption.

L'accueil des orphelins par la famille proche ou élargie constitue toujours la meilleure solution ; quand cela s'avère impossible, il est préférable qu'ils soient adoptés par des familles issues de leur pays d'origine, car ils seront alors élevés dans leur propre culture, sans un déracinement qui peut comporter des risques spécifiques.

Par ailleurs, la logique est de chercher une famille pour un enfant et non pas un enfant pour une famille ; en complément des agréments délivrés par les Conseils généraux, la procédure d'examen des candidatures à Médecins du monde, en particulier par le biais de psychologues, est très stricte.

Depuis quelques années, une stratégie a été mise en place, qui vise à inciter des adoptions de situations difficiles.

Trois orientations sont privilégiées : les adoptions de fratries, les adoptions d'enfants âgés de plus de six ans et les adoptions d'enfants porteurs de pathologies curables telles que des fentes labiopalatines ou des valvulopathies cardiaques – avec des interventions chirurgicales menées par des équipes françaises après l'adoption et l'accueil de ces enfants par les familles.

Trois demandes

Lors de son audition par Jean-Michel Colombani, chargé en 2007 par le gouvernement français d'un rapport sur l'adoption – remis en mars 2008 – , Médecins du monde défendit les trois grandes demandes suivantes à l'égard de l'adoption internationale :

– Élaborer et mettre à disposition des outils permettant d'avoir une vision claire de l'adoption internationale. Aujourd'hui, les données sont fragmentaires et propres à chaque pays ; leur centralisation s'avère donc nécessaire. Une analyse de l'ensemble des pays d'accueil et de la plupart des pays d'origine est indispensable, qui doit être effectuée à partir des chiffres d'adoption des donneurs et des demandeurs, croisés avec des critères démographiques, socioéconomiques et sanitaires ; il faut déterminer quels sont les pays qui ont le plus besoin de l'adoption internationale, quels sont ceux où l'adoption internationale est légitime et jusqu'à quel niveau.

– Élaborer une stratégie concertée. Actuellement, on assiste à l'explosion des demandes « prédatrices » des pays d'accueil, ainsi qu'à une baisse des propositions des pays d'origine, qui ont élevé des barrières conduisant les pays d'accueil à une concurrence fréquente. L'analyse des demandes est indispensable tout d'abord au niveau français, puis entre tous les pays d'accueil – même si cette analyse est, sur le plan politique, plus difficile à obtenir. En ce domaine, il semble nécessaire de réintroduire des considérations éthiques en s'appuyant sur les lois et les structures internationales telles que celles qui ont été promulguées par l'Unicef. Enfin, il convient de réguler les coûts de l'adoption internationale pour éviter tout dérapage et garantir la traçabilité financière dans les pays d'origine et d'accueil.

– Défendre l'idée, auprès des gouvernements des pays d'accueil, de la nécessité de renforcer l'aide publique au développement (voir le chap. 7, p. 104). Dans les pays concernés, elle est destinée à agir à la fois sur la prévention des abandons et sur les procédures locales d'adoption afin que le maximum d'enfants restent dans leur environnement culturel d'origine.

L'effet inverse

C'est dans le contexte de l'adoption en France que fut élaboré le projet d'accueil des enfants par l'Arche de Zoé. Ses dirigeants abordaient le débat au travers de cette question : Pour des raisons morales et compte tenu de la situation au Darfour, la fin ne justifiait-elle pas les moyens ? Dans le cas présent, elle justifia tous les amateurismes et toutes les approximations, qui aboutirent à l'effet strictement inverse de celui recherché.

Au moment de l'affaire et aujourd'hui encore, l'attention s'est détournée des populations de l'est du Tchad et du Darfour pour se focaliser sur le sort des six volontaires français. En cas de nécessité, il deviendra très difficile d'attirer l'attention sur cette région, car l'histoire de l'Arche de Zoé a rendu l'opinion publique française dubitative voire suspicieuse à l'égard des réalités locales de la situation humanitaire.

Dès lors, en pratiquant un amalgame rendu possible par ces dérapages, les autorités soudanaises auront beau jeu d'attribuer à d'éventuelles interpellations de personnels humanitaires des arrière-pensées douteuses ou infondées.

L'OPINION DES AFRICAINS

En 2007, deux événements mettant en scène le président de la République française provoquèrent des réactions épidermiques de la part de l'opinion publique ouest-africaine :

– en premier lieu, le discours que Nicolas Sarkozy prononça à l'université Cheikh-Anta-Diop à Dakar, le 26 juillet 2007. Parmi tant d'autres, des phrases telles que « Le drame de l'Afrique, c'est que l'homme africain

n'est pas assez entré dans l'histoire », ou « Dans cet imaginaire où tout recommence toujours, il n'y a de place ni pour l'aventure humaine, ni pour l'idée de progrès » prirent à rebrousse-poil une frange des intellectuels et des hommes politiques de ce continent ;
– ensuite, le voyage très médiatisé qu'il effectua, le 3 novembre 2007, pour ramener à bord de lavion présidentiel les journalistes français et les hôtesses espagnoles détenus au Tchad et liés à l'opération de l'Arche de Zoé. Les propos qu'il tint alors sur la suite des événements – en particulier sa volonté de revenir chercher les volontaires restants – ne firent rien pour apaiser une opinion publique tchadienne déjà manipulée par ses propres dirigeants.

Une image écornée

Dès le début, la presse africaine se fit l'écho de l'affaire de l'Arche de Zoé, contribuant à écorner l'image que renvoyaient les humanitaires – une image déjà passablement entachée de suspicion.

Cités par l'hebdomadaire *Courrier international* le 15 novembre 2007, les extraits qui suivent le montrent ; certains d'entre eux établissent des parallèles entre cette affaire et des éléments de politique intérieure française, témoignant, si besoin était, de la rapidité de la diffusion de l'information favorisée par Internet ainsi que de l'affirmation d'altérité et d'égalité revendiquées par la presse africaine.

> ***Le journal* Notre Temps, *à N'Djamena, au Tchad :***
> *« Les Français méritent une leçon.*
> *« Les Tchadiens en ont assez de cette France qui pourchasse les sans-papiers et se croit au-dessus des lois.*
> *« Il est courant que les activités des organisations non gouvernementales ou d'associations humanitaires soient controversées presque partout dans le monde. Pour une raison ou pour une autre. Mais jamais un organisme de ce genre n'a suscité autant*

de désapprobation que l'Arche de Zoé, avec l'opération qui l'a récemment placée sous les projecteurs de l'actualité internationale [...].

« Le scandale humanitaire provoqué par l'Arche de Zoé n'a fait que raviver le sentiment antifrançais au Tchad et en Afrique de manière générale.

« Après le scandale de la récente loi sur l'immigration en France, les Africains en sont à se demander comment ceux qui sous divers prétextes rechignent à octroyer des visas d'entrée dans leur pays à des Africains, ceux qui décident de regroupements familiaux par ADN interposé sont encore capables de venir chercher des enfants africains sans que l'on sache réellement à quoi ils seront destinés. »

Le journal* L'Expression, *à Alger :

« Au secours les négriers reviennent.

« Les négriers sont de retour en Afrique. Ils ne viennent plus par mer. Ils ne débarquent plus l'arme au poing pour semer la terreur dans le village. Aujourd'hui, ils ont un stéthoscope dans une main et des bonbons dans l'autre. Comme ceux de l'Arche de Zoé. »

Le blog* Cridem, *à Nouakchott, en Mauritanie :

« Il est temps que les Africains prennent leur destin en main. L'Afrique ne peut pas être éternellement le jouet de l'Occident. Ces organisations « humanitaires » non gouvernementales qui envahissent le continent pour défendre des causes auxquelles elles-mêmes ne croient pas doivent désormais comprendre que nous touchons désormais à la fin de l'idéologie post-colonialiste, paternaliste, sinon méprisante, qui voit toujours dans l'Afrique une terre de tous les malheurs. »

Le journal panarabe Al-Hayat *:*

« Elle est belle la justice occidentale !

« Où est passée la loi internationale tant vantée par les dirigeants occidentaux ?

« Ces derniers n'avaient-ils pas clamé haut et fort leur volonté d'appliquer cette loi au Darfour ?

« Quel exemple offre la justice occidentale quand des criminels sont admis à bord d'un avion arborant le drapeau français et sont accompagnés du Président en personne pour être soustraits à la justice ?

« C'est encore une opération démontrant que les crimes commis par l'Occident, à un niveau individuel, institutionnel ou gouvernemental, passent au-dessus des lois locales et internationales. »

L'HUMANITAIRE, L'ARMÉE ET LE POLITIQUE

L'affaire de l'Arche de Zoé, présentée comme une réponse humanitaire à des exactions majeures perpétrées au Darfour par les tenants d'un islam radical, accumula donc les faux pas :

– un défaut de transparence à l'égard du personnel local ;
– le non-respect des règles du droit national et international ;
– l'absence de relais locaux fiables afin de sécuriser les démarches avec les populations locales ;
– la mise en œuvre d'une opération dans une zone du Tchad où étaient implantées des troupes françaises ;
– l'implication politique des autorités françaises dans le soutien du régime en place ;
– la gestion globale du dossier.

Tout cela ajouta de la confusion dans les liens qui existent entre les organisations non gouvernementales, les forces armées et la politique étrangère françaises. Nul doute que les autorités tchadiennes et soudanaises sauront utiliser les ONG au mieux de leurs intérêts, en particulier pour justifier des tracasseries supplémentaires quand, à l'avenir, ces dernières voudront accéder aux populations sinistrées ; sitôt prononcée la libération des six volontaires de l'Arche de Zoé, le gouvernement soudanais annonça son intention de lancer contre eux des mandats d'arrêt *via* Interpol.

Un épilogue calamiteux

L'aide providentielle que l'armée française apporta au président tchadien Idriss Déby lors de l'offensive rebelle, à la fin de janvier 2008, pesa, bien entendu, dans la grâce accordée en mars par le président tchadien. Cependant, cette dernière ne doit pas dispenser la justice des investigations nécessaires à l'établissement de la vérité et des responsabilités. Si tel était le cas, l'épilogue serait à la mesure de l'ensemble de l'opération de l'Arche de Zoé : un épilogue calamiteux pour les humanitaires.

La sortie de crise renforcerait alors le sentiment d'une proximité complice entre le politique – dans son expression la plus péjorative – et l'humanitaire. Un humanitaire occidental ne respectant pas les règles usuelles du droit. Un humanitaire dispensé d'avoir à rendre des comptes, pour lequel liberté d'agir rimerait avec impunité.

3

Quand la religion devient une cause d'insécurité

Enlèvements en Afghanistan, avril 2007

Le 3 avril 2007, deux Français, membres de l'association humanitaire Terre d'enfance, et trois de leurs accompagnateurs afghans furent enlevés par les talibans dans la province de Nimroz, au sud-ouest de l'Afghanistan.

Comme cela se produit souvent dans ce type de contexte, les déplacements en voiture constituent un facteur d'exposition important ; il semble que ce soit lors d'un transport par la route entre Zarandj et Hérat que les deux volontaires, bien qu'ils aient été vêtus d'habits traditionnels afghans, aient été interceptés par leurs ravisseurs. D'après le gouvernement de la province, les membres de Terre d'enfance n'avaient pas prévenu les autorités de leur départ ; pour lui, leur négligence fut donc seule responsable de leur enlèvement.

Le 20 avril, les talibans sommèrent les autorités françaises à la fois de retirer leurs soldats d'Afghanistan et d'intervenir pour obtenir la libération de combattants détenus par le gouvernement afghan. Si aucune demande officielle de rançon ne fut faite, l'ensemble des observateurs considèrent qu'une telle demande fut très probablement formulée en échange de la libération des deux otages français.

Le 28 avril, l'un des membres de Terre d'enfance fut libéré. Le 11 mai, après trente-huit jours de détention, ce fut au tour du second volontaire français, sans que le sort des trois accompagnateurs afghans fût alors fixé. Ces derniers furent libérés quelques semaines plus tard, le 26 mai.

DANS LA PROVINCE DE NIMROZ

Dans cette région frontalière de l'Iran règne une insécurité permanente et évoluent un certain nombre de trafiquants de drogue. Cette province est avant tout occupée par des populations balouches, et non pas par l'ethnie pachtoune au sein de laquelle sont recrutés les « étudiants en religion » que sont les talibans – en arabe, le mot *talib* désigne celui qui étudie dans une école religieuse.

Cependant, en cette période, une forte offensive de l'OTAN (Organisation du traité de l'Atlantique Nord) dans la province voisine du Helmand, l'épicentre de l'insurrection, semble avoir conduit une partie des forces talibanes à se déplacer dans la province de Nimroz.

Une petite ONG

Association humanitaire de petite taille dont le siège social est situé dans le Doubs, Terre d'enfance fut fondée par un ancien volontaire de Médecins du monde en Afghanistan. Établie dans ce pays depuis 2003, elle travaillait à Zarandj, ville de cinquante mille habitants et capitale de la province de Nimroz ; elle y développait des projets visant à « diversifier l'offre éducative et à agir pour la rescolarisation des populations exclues et vulnérables ».

Interrogés par la presse à la suite de l'enlèvement de ses volontaires, ses dirigeants assurèrent avoir pris toutes les précautions lors de leur implantation afin que celle-ci s'effectue dans la transparence, après discussion avec les acteurs locaux, et en respectant soigneusement les procédures de sécurité mises en place.

Un contexte défavorable

En avril 2007, l'enlèvement des membres de Terre d'enfance généra beaucoup d'inquiétude, car le président afghan, Hamid Karzaï, venait d'être extrêmement critiqué pour avoir négocié avec les talibans afin d'obtenir la libération du journaliste italien Daniele Mastrogiacomo – d'autant plus que cette libération s'était accompagnée de l'exécution de son chauffeur, enlevé avec lui.

Par un effet de choc en retour, le président afghan, échaudé par les attaques provenant de parlementaires de son pays, risquait de se montrer intransigeant lors de négociations qui concernaient des volontaires français.

Par ailleurs, toute la communauté humanitaire avait alors à l'esprit l'assassinat de cinq volontaires de Médecins sans frontières-Hollande, survenu le 28 juillet 2004 en Afghanistan et qui avait conduit au retrait total de l'ensemble des sections de cette ONG.

« L'ÉTERNITÉ EN GUERRE »

L'Afghanistan est meurtri par un conflit interne qui remonte à plusieurs décennies ; à son propos, le politologue Olivier Roy évoquait, il y a plus de vingt ans déjà, « l'éternité en guerre ». Dans ce pays se sont rendus des centaines de volontaires appartenant aux nombreuses ONG qui intervinrent pour soutenir les populations locales prises dans une guerre perpétuelle et aux acteurs multiples ; on estime aujourd'hui à trois cent quatre-vingts le nombre d'ONG étrangères enregistrées en Afghanistan.

L'image négative des associations humanitaires et les risques qu'elles encourent se sont trouvés renforcés par plusieurs circonstances et évènements récents.

Les talibans au pouvoir

À partir de la fin des années 1990, avec la prise de contrôle du pays par les talibans, les associations humanitaires travaillant sur le terrain comprirent que les rapports avec le nouveau pouvoir politico-religieux allaient évoluer et se tendre ; cette nouvelle situation fut perceptible en particulier dans les programmes qui les faisaient intervenir sur des sujets sensibles tels que l'accès des femmes aux soins.

Après le 11 septembre 2001

Le sentiment antioccidental s'accrut avec la guerre menée en Afghanistan pour détruire les bases et capturer les membres d'Al-Qaida à la suite des attentats du 11 septembre 2001. La plupart des grandes ONG étaient alors implantées de longue date, bien avant la survenue de ces événements, et ne furent pas amenées dans les bagages des armées d'occupation – comme certains mouvements radicaux le laissent croire par leur interprétation actuelle de la situation.

De plus, la situation en Afghanistan est emblématique de la mise en place conjointe d'actions civiles et militaires : créées en 2003, des équipes provinciales de reconstruction (Provincial Reconstruction Teams, ou PRT) font de l'humanitaire en arme ; ces équipes militaires mixtes, alliées et afghanes, mènent des projets tels que l'aide à la population ou la rénovation d'infrastructures villageoises, par exemple des écoles. Leur présence dans le pays ajoute à la confusion, les ONG risquant d'être assimilées aux forces internationales – en l'occurrence celles de l'OTAN. En

Afghanistan sont donc réunis tous les éléments qui risquent d'alimenter le brouillage entre l'action des militaires et celle des humanitaires.

La position de la France

La France fut partie prenante du conflit porté par les Occidentaux en Afghanistan ; comme le rappela le président Nicolas Sarkozy lors de sa visite, le 22 décembre 2007, auprès des troupes françaises, la France avait « payé le prix du sang ».

En février 2008, le gouvernement français exprima son intention d'augmenter le nombre des soldats des forces spéciales mises à la disposition de la Force internationale d'assistance à la sécurité (ISAF), placée sous le commandement de l'OTAN. Cela fut décrit comme une stratégie de lutte contre Al-Qaida ; les services de renseignement ayant établi des liens entre les réseaux afghans et des groupes installés en Afrique du Nord, cette décision française s'inscrivit d'une manière officielle dans la volonté de combattre une menace potentielle pour l'Europe.

Lors du sommet de l'OTAN qui se tint, en avril 2008, à Bucarest, le président français décida finalement d'envoyer en Afghanistan un bataillon supplémentaire de sept cents hommes ; à l'issue de cette rencontre, un soutien accru en forces spéciales ne semblait donc plus d'actualité.

À l'annonce du renforcement du dispositif militaire français, le porte-parole des talibans accusa le président de rompre une promesse électorale faite en avril 2007, lors de la négociation pour la libération des deux membres de Terre d'enfance. Le 5 avril 2008, il déclarait à l'Agence France-Presse :

> *« [Le président Sarkozy] avait promis de se concentrer sur le retrait des troupes françaises d'Afghanistan. Il semble qu'il ait oublié sa promesse. »*

LES INGRÉDIENTS DE LA VIOLENCE

La complexité de la situation afghane est liée au fait qu'elle allie des considérations de politique internationale avec des données intérieures – des luttes internes pour la maîtrise du pouvoir et des conflits tribaux ; s'y ajoutent le narcotrafic et l'« industrie des enlèvements », destinés à financer les actions armées des divers protagonistes.

Les ingrédients de la violence manifestée à l'égard des associations humanitaires y sont multiples : ce sont des arrière-pensées financières, la revendication d'une forme de lutte contre l'ingérence étrangère ou encore la réaffirmation de la question religieuse comme moteur de la résistance contre les envahisseurs.

Après l'attentat perpétré le 15 janvier 2008 contre l'hôtel Serena, à Kaboul, Zabihullah Mujahed, un des porte-parole des talibans, déclara :

> *« Nous allons viser tous ces restaurants de Kaboul fréquentés par les étrangers. Nous avons déjà des commandos suicides à Kaboul et bientôt, nous allons accroître nos attaques contre les militaires et les étrangers »* (cité par Françoise Chipaux, « Les talibans menacent de multiplier les attaques contre les étrangers à Kaboul », *Le Monde*, 17 janvier 2008).

Le premier producteur d'opium

L'une des caractéristiques de l'Afghanistan tient à son statut particulier de premier producteur mondial d'opium – couvrant 92 % de la production illicite.

En 1989, après la chute du mur de Berlin, les pays de l'ancien bloc de l'Est ainsi que certains pays occidentaux cessèrent d'alimenter les mouvements d'opposition aux gouvernements en place. De ce fait, des groupes armés, acteurs de conflits intra-étatiques, durent chercher de nouvelles sources de financement pour soutenir l'effort de guerre ou la survie de leurs membres : ils les trouvèrent dans des activités liées à la production de matières premières ou au narcotrafic de produits transformés.

L'Afghanistan est non seulement le premier producteur mondial d'opium, mais il est devenu aujourd'hui un grand consommateur de drogues injectables, en particulier dans sa capitale, Kaboul ; s'inspirant de l'expérience et des compétences acquises en France et dans le cadre d'autres programmes internationaux, les équipes de Médecins du monde y poursuivent auprès des usagers des actions de prévention et de soins.

De l'Afghanistan à l'Irak

Tout d'abord utilisée comme une stratégie de lutte contre la présence soviétique en Afghanistan, en 1989, la question religieuse se retourna contre ses concepteurs américains ; la confrontation avec l'islam préfigura une situation qui n'a cessé de s'aggraver, conduisant, pour les associations humanitaires, à des difficultés croissantes pour intervenir dans des pays musulmans (voir le chap. 15).

En effet, tandis que les États-Unis et leurs alliés envahissaient l'Afghanistan en 2001 pour anéantir les bases d'Al-Qaida, un discours globalisé apparaissait de part et d'autre : le mouvement terroriste considérait l'invasion du pays comme une agression généralisée contre les musulmans ; les adeptes anglo-saxons de la théorie du « choc des civilisations » voyaient dans les combattants afghans des représentants d'un islam radical internationaliste, ce qui justifiait toutes les mesures militaires, y compris les mesures préventives (voir Gilles Kepel, *Terreur et Martyre. Relever le défi de civilisation*, Paris, Flammarion, 2008).

Une étape importante de cette confrontation avait été franchie, en 1990-1991, avec la première guerre en Irak. Aujourd'hui, la situation humanitaire y est dramatique : aucune ONG internationale ne prend plus le risque d'y envoyer des volontaires expatriés ; Médecins du monde y mène des programmes à distance, depuis les pays limitrophes. Sur place, le relais est composé de personnes travaillant pour le ministère de la Santé, pour des associations irakiennes ou directement pour Médecins du monde ; dans ce dernier cas, ce sont le plus souvent des équipes constituées de professionnels repérés sur le terrain, à une époque antérieure.

En 2003, quand débuta la seconde guerre en Irak, Médecins du monde intervenait, depuis plusieurs années déjà, sur des programmes de santé qui cherchaient à pallier les difficultés de la population, des difficultés liées à l'embargo décrété en 1990, bien avant la chute de Saddam Hussein. En Irak comme ailleurs, Médecins du monde estimait que cet embargo, obéissant à des mobiles politiques, visait à accroître le mécontentement du peuple afin d'abattre le régime ; en termes de santé et d'accès aux soins d'une partie des Irakiens, cela engendra une situation inacceptable.

4

Quand la violence mêle les luttes politiques et les rivalités ethniques

Exécutions au Sri Lanka, août 2006

Le 6 août 2006, à Muttur, une ville du nord-est du Sri Lanka, dix-sept employés locaux de l'association humanitaire française Action contre la faim furent retrouvés assassinés, une balle dans la tête, dans leur bureau saccagé. Âgés de vingt-cinq à trente-cinq ans, ces treize hommes et ces quatre femmes étaient pour l'essentiel des ingénieurs en eau et en assainissement, ou bien des personnes spécialisées en agronomie ou en gestion de projet. Ils étaient tous allongés sur le sol, portant un tee-shirt de leur association.

Depuis le 28 juillet, la région était le lieu de luttes intenses entre l'armée sri-lankaise et le mouvement séparatiste des Tigres de libération de l'Eelam tamoul (Liberation Tigers of Tamil Eelam, ou LTTE) pour le contrôle du canal d'irrigation de Maaviraru. Le gouvernement et les rebelles s'accusaient mutuellement de vouloir priver d'eau quinze mille familles entièrement dépendantes de cette source d'approvisionnement.

Sans doute les membres d'Action contre la faim se retrouvèrent-ils pris dans ces combats, avec comme instruction de rester consignés dans leurs locaux (voir Françoise Chipaux, « Quinze employés sri-lankais d'Action contre la faim ont été assassinés » et « Les ONG, cibles de guerre au Sri Lanka », *Le Monde*, 8 août et 1er septembre 2006).

LES CINGHALAIS ET LES TAMOULS

La guerre qui oppose l'armée sri-lankaise aux rebelles tamouls débuta en 1983. Les organisations humanitaires les plus anciennement établies au Sri Lanka découvrirent le pays lors de ce combat ethnique et s'installèrent dans les régions situées au nord et au nord-est, là où les réfugiés affluaient et où les besoins médicaux étaient les plus pressants.

Aujourd'hui, les associations humanitaires sont perçues par un grand nombre de Cinghalais – l'ethnie majoritaire au Sri Lanka, dont est largement issu le gouvernement en place – comme favorables aux Tamouls, donc au mouvement séparatiste (le LTTE).

Alliés du gouvernement, les marxistes ultranationalistes du Front de libération du peuple (Janata Vimukthi Peramuna, ou JVP) ont d'ailleurs surnommé les ONG internationales les « Tigres blancs », estimant que leurs actions portaient atteinte à la souveraineté du pays.

Entre deux feux

Au Sri Lanka, les associations humanitaires subissent des pressions des deux côtés :

– lors de leur enregistrement, les autorités multiplient les contraintes administratives, et c'est le ministère de la Défense qui délivre les permis de travail aux personnes expatriées ;

– en 2006, quelques mois avant l'assassinat des membres d'Action contre la faim, les Tigres tamouls exigèrent que le personnel local de certaines ONG suivent un entraînement militaire – obligatoire pour la population ; de plus, dans les zones placées sous le contrôle du LTTE, les ONG ne peuvent appliquer des programmes non acceptés par le commandement du mouvement.

Au niveau mondial, le mouvement séparatiste tamoul est considéré comme le groupe recourant le plus souvent à des kamikazes perpétrant des attentats suicides (voir Eleanor Pavey, « Les kamikazes sri-lankais », *Cultures & Conflits*, 63, automne 2006, p. 135). Quant à la population du Sri Lanka, elle compte sur les ONG pour garantir sa sécurité et tenir un rôle d'observateur qui restreint l'impunité totale de chaque groupe.

« Ils viennent gêner ces combattants »

Deux jours après l'assassinat, Denis Metzger, président d'Action contre la faim, dénonça « l'ambiguïté incroyable qui fait que même l'armée fait à la fois des actes de guerre et de l'humanitaire. Les armées ou les groupes rebelles du Sri Lanka, comme ailleurs, affament et attaquent les populations civiles, se posent en sauveurs en venant ensuite leur distribuer nourriture et médicaments. Peut-être que les jeunes généreux et idéalistes d'Action contre la faim, représentant une ONG occidentale, viennent gêner ces combattants qui veulent se donner un visage humain » (*Libération*, 8 août 2006).

Malgré les risques encourus, Action contre la faim choisit de rester au Sri Lanka pour suivre les développements de l'enquête. L'assassinat de dix-sept de leurs membres montre que, plus souvent que les volontaires expatriés, les travailleurs locaux sont les premières victimes de la violence dirigée contre les humanitaires.

L'AMPLEUR DE LA LUTTE ARMÉE

Le tsunami qui, en décembre 2004, avait ravagé l'Indonésie et le Sri Lanka (voir le chap. 5), avait occulté la situation politique de ces deux pays. Dans une certaine mesure, cette catastrophe naturelle avait contribué, en Indonésie, à calmer la lutte opposant le mouvement rebelle au gouvernement. Au Sri Lanka, l'arrivée massive des ONG internationales avait entraîné une relative ouverture des frontières ainsi qu'un apaisement temporaire du conflit interne, les combattants devant cesser le feu pour permettre aux populations les plus nécessiteuses d'accéder à l'aide. Mais cette trêve entre l'opposition armée des Tigres tamouls et le pouvoir central n'avait été que très provisoire et, avec une violence exacerbée, reprit vite ses droits.

La guerre prit de court de nombreuses associations humanitaires venues en décembre 2004, après le tsunami. C'est dans ce contexte que survint l'assassinat des membres d'Action contre la faim, l'un des événements les plus meurtriers que connut une ONG française.

M. Hashim, directeur adjoint du consortium de l'Humanitarian Actions, qui réunit quatre-vingt-seize ONG locales et internationales, commentait ainsi cette affaire :

> *« La plupart de ces ONG venues pour le tsunami n'avaient aucune idée de la situation de guerre latente et quand la sécurité s'est détériorée, à partir de décembre 2005, elles n'avaient ni les moyens ni l'expérience pour y répondre. »*

De nombreux intervenants qui, après le tsunami, œuvrèrent à la reconstruction du pays n'avaient pas une conscience précise de l'ampleur de la lutte armée qui se déroulait au Sri Lanka depuis de longues années ; faute d'expérience, de compétences ou de relais locaux qui auraient pu leur fournir des éléments de lecture, de petites associations témoignaient en particulier d'une méconnaissance et d'une ingénuité totale face à ces questions. Pourtant, tel n'était pas le cas d'Action contre la faim, qui possède une longue pratique des interventions en zone difficile.

UNE INSÉCURITÉ CROISSANTE

En 2006, Médecins du monde fut contraint de quitter le Sri Lanka ; ses programmes visaient à travailler d'une façon conjointe avec les populations tant cinghalaises que tamoules. En juillet, on l'accusa de collaborer avec le LTTE, car certains diplômes délivrés lors de formations associaient les logos de Médecins du monde, du ministère de la Santé et des Tigres tamouls. Au même moment, l'administrateur de Médecins du monde reçut des visites de la police ; les questions portaient avec insistance sur les activités et les buts de ses diverses délégations présentes sur le terrain. Les deux expatriés envoyés pour discuter avec les autorités furent sommés de quitter le pays dans les soixante-douze heures.

À la suite du meurtre de l'équipe d'Action contre la faim en août 2006, les tensions et les pressions exercées sur le personnel humanitaire s'étaient fortement aggravées. S'associant à un communiqué de presse inter-ONG, Médecins du monde dénonça l'insécurité au Sri Lanka. Le 30 septembre, la parution d'un article accusant certaines ONG, dont Médecins du monde, de collaborer avec le LTTE, précipita les événements ; menacé de mort, l'administrateur dut fuir et mettre sa famille à l'abri. L'association suspendit ses activités.

En 2007, la situation politique et sécuritaire au Sri Lanka ne cessa de se dégrader : les attentats se poursuivirent, ainsi que des meurtres dans les deux camps – touchant des ministres et des députés du côté gouvernemental, et des chefs politiques au sein du LTTE –, qui furent accompagnés de nombreux « dommages collatéraux » à l'égard de la population civile.

Depuis cette période, des territoires contrôlés par les Tigres tamouls restent hors d'accès des ONG. Des travailleurs humanitaires ont été tués au sein de la Croix-Rouge sri-lankaise ; accusées de collaborer, des organisations internationales telles que l'Unicef ont été contraintes de réduire voire d'interrompre leurs activités. Le conflit au Sri Lanka réunit des facteurs politiques et ethniques en un mélange qui se trouve associé à un grand nombre de crises contemporaines.

5

Quand la transparence financière fait débat

Le tsunami en Asie, décembre 2004

Le 26 décembre 2004, un tremblement de terre d'une rare violence provoqua un tsunami qui toucha l'Indonésie, les côtes du Sri Lanka et du sud de l'Inde, le sud de la Thaïlande et l'île de Phuket. Selon les sources officielles, le bilan de ce raz-de-marée dépassa les deux cent mille morts et disparus.

Pour des raisons multiples – la gravité exceptionnelle de cette catastrophe naturelle et de ses effets, la période de Noël, la présence, parmi les victimes, d'étrangers qui se firent l'écho de l'ampleur du désastre… –, ce tsunami créa un élan de solidarité sans précédent dans l'opinion publique mondiale, auquel la France n'échappa pas.

Le montant des dons reçus par les diverses ONG fut colossal, au point qu'il dépassa de beaucoup les besoins repérés sur le terrain. Un certain nombre d'ONG affectèrent alors à d'autres urgences les sommes que le grand public avait données pour les victimes du tsunami.

À l'opposé, du fait des sommes déjà mobilisées dans le monde entier et par leur analyse sur place, en Asie, Médecins sans frontières adopta pendant l'été 2005 une position tranchée : dans la presse, cette ONG appela ses donateurs à arrêter leurs envois pour le tsunami.

UNE GÉNÉROSITÉ SANS PRÉCÉDENT

Face au montant disproportionné des dons reçus, les pouvoirs publics s'engagèrent à faire examiner par la Cour des comptes la manière dont, dans l'urgence du tsunami, les principaux organismes français – parmi lesquels les ONG – avaient utilisé les fonds reçus ; trente-deux organismes étaient concernés.

Dans son rapport rendu public en janvier 2007, la Cour des comptes mena des investigations sur des questions majeures : Les sommes collectées par chaque association furent-elles effectivement engagées sur le terrain ? Quand il y eut surplus, comment ces associations le gérèrent-elles ? Si une partie des sommes fut consacrée à d'autres projets, comment ces associations les réaffectèrent-elles ?

Elle établit les faits suivants :

– le montant des dons privés s'élevait à 288 millions d'euros, auxquels s'ajoutaient les 30 millions d'euros issus de financements institutionnels ;

– une fois les frais de collecte et de fonctionnement déduits, les sommes dont disposèrent les trente-deux organismes contrôlés atteignaient 289 millions d'euros – soit, pour cette seule urgence, plus de deux fois le budget annuel de Médecins sans frontières-France et cinq fois le budget annuel de Médecins du monde ;

– dans le monde, 13,6 milliards de dollars furent collectés au profit de la région touchée par le tsunami, dont 5 milliards issus de fonds privés (voir Michel Doucin, *Les ONG : le contre-pouvoir ?*, Paris, Toogezer, 2007, p. 136).

La générosité des dons avait créé des mécanismes et des modes de gestion que le rapport de la Cour des comptes s'attacha à étudier ; pour les humanitaires français, ses investigations revêtirent un caractère très sensible. Le tsunami révéla donc certains problèmes auxquels les ONG françaises sont en permanence confrontées.

LE GRAND « BARNUM HUMANITAIRE »

L'urgence du tsunami, en particulier ce qui s'était passé en Indonésie, constitua ce que, dans le jargon des ONG, on appelle un grand « barnum humanitaire » : dans le monde entier, il fut alimenté par une couverture médiatique omniprésente et par la mobilisation de milliers d'acteurs qui, s'ils étaient mus par une compassion légitime, ne témoignaient pas toujours d'une analyse précise des besoins réels sur place.

Ce grand « barnum » entraîna notamment l'intervention d'innombrables petites associations aux domaines de compétence parfois aussi divers qu'approximatifs, qui révélèrent des difficultés de coordination d'autant plus grandes que les autorités et les administrations locales étaient elles-mêmes en état de sidération ; le raz-de-marée avait emporté un grand nombre de leurs acteurs et de leurs moyens.

LA RÉAFFECTATION DES DONS

L'ampleur des dons privés fut telle qu'on présuma assez vite que les sommes collectées seraient très supérieures aux besoins identifiés, sur le terrain, par les équipes. Un certain nombre d'ONG se trouvèrent alors en situation d'affecter à d'autres urgences l'argent que le grand public avait donné pour les victimes du tsunami – ce que le rapport de la Cour des comptes a parfaitement démontré.

Un mécanisme fondamental

Pour les principales ONG françaises, le problème de la réaffectation des dons est récurrent. Dans de nombreux cas, les sommes récoltées auprès des donateurs excèdent les besoins du programme pour lequel elles ont été demandées. La réaffectation est alors pratiquée : ainsi que l'indique le message d'avertissement qui figure sur le bulletin de souscription des principales associations, l'ONG s'engage, en cas de surplus, à le réorienter vers d'autres programmes, développés ailleurs.

Pour les ONG, ce mécanisme est fondamental, car il leur fournit les moyens de dégager des réserves financières pour d'autres terrains de crise qui n'ont pas la chance de se trouver sous les feux de l'actualité ; c'est ainsi que Médecins du monde peut être présent depuis quinze ans en Birmanie, depuis longtemps en Haïti ou en Colombie, et sur d'autres lieux encore qui réclament attention et soutien. Les populations oubliées de l'actualité et de l'opinion publique n'ont pas à subir, à distance, les effets retardés du tsunami.

Pour agir de la sorte, une association humanitaire doit instaurer un climat général de confiance avec tous ses donateurs qui, en retour, lui délèguent la liberté, selon l'analyse des besoins, d'orienter l'argent recueilli là où il sera le plus utile. Les donateurs sont prêts à accepter, et ils le confirment dès qu'ils sont interrogés, que certaines sommes soient affectées à des zones et à des besoins négligés par les médias – sous réserve qu'ils en soient informés. Les ONG doivent s'expliquer, témoigner de clarté et de pédagogie, pour montrer que, dans le monde, nombreux sont les lieux où la mort rôde à cause de catastrophes qui n'ont rien de naturel mais sont d'essence politique ; aujourd'hui, la République démocratique du Congo, le Népal et l'Érythrée en constituent quelques exemples.

Pour la première fois et d'une manière aussi claire, la réaffectation des dons a été considérée par la Cour des comptes comme une pratique acceptable quand elle s'effectue en toute transparence à l'égard des donateurs. En réaffectant ainsi les dons reçus, les associations humanitaires remplissent leur mandat premier de présence, de soins et d'alerte.

Trois acteurs complémentaires

Le débat sur l'affectation des dons a rappelé que si les associations humanitaires agissent comme un levier symbolique et politique de la mobilisation internationale face à des besoins d'une grande ampleur, elles-mêmes possèdent des ressources modestes.

Autour des victimes, la solidarité internationale non gouvernementale fait jouer trois acteurs complémentaires – les humanitaires, les médias et les donateurs privés. À chacun de ces protagonistes correspondent des logiques et des temps différents : tandis que l'actualité traitée par les médias est, par nature, émotionnelle et éphémère, la mise en œuvre des réponses, sur le terrain, réclame du temps ; tandis que les médias se focalisent parfois sur le nombre de morts, les humanitaires comptent les vivants et les aident à affronter leur devenir ; de leur côté, les donateurs vivent dans un univers qui les abreuve d'informations et, lors des catastrophes, suivent souvent les événements au rythme et avec la mémoire des grands médias audiovisuels.

LES PRATIQUES FINANCIÈRES

Aujourd'hui, la distance prise avec l'événement permet une réflexion plus apaisée sur l'un des sujets soulevés par la catastrophe du tsunami : le financement des crises humanitaires et la réaffectation des dons (j'avais consacré à ce thème un article, « Le tsunami a-t-il révélé de mauvaises pratiques ? », *L'Humanité*, 4 janvier 2006).

Quand elles réaffectent les dons reçus, les associations humanitaires françaises ne trompent pas leurs donateurs. Leur attitude tient compte de deux réalités : n'ayant pas vocation à placer leur argent, elles disposent d'une trésorerie de quelques mois seulement, au mieux ; et, selon les événements, elles doivent faire face à des urgences sanitaires qui engagent des sommes d'argent très supérieures à leur capacité financière. Au quotidien, cette situation rend leur pilotage financier complexe et périlleux.

Sous le signe de l'incertitude

Quand surgit une crise humanitaire, l'action des ONG se place sous le signe de l'incertitude, inhérente à de nombreuses interventions médicales d'urgence. Cette incertitude touche tous les domaines : Quelle sera l'ampleur réelle du sinistre et des besoins des populations ? Quelle sera l'attitude des autorités locales ? Quel sera l'état des infrastructures locales, en particulier du système sanitaire ? Quelle sera l'accessibilité effective aux populations du fait des conditions géographiques ou de la détérioration des réseaux de transports ? Quelle sera la générosité des donateurs privés ? Quelle sera la réaction de la communauté internationale et des donateurs institutionnels ?

Si la mission exploratoire – l'arrivée des premiers contacts des équipes sur le terrain – permet de préciser certains de ces aspects, il faut en général plusieurs jours pour obtenir des informations fiables ; les délais peuvent être réduits quand une ONG est présente sur le terrain avant la survenue de la catastrophe.

La préparation opérationnelle et la mobilisation logistique débutent alors ; pour gagner du temps et de l'efficacité, les associations humanitaires lancent très vite des appels à la générosité du public. En entamant ces démarches, on ignore tout des sommes qui parviendront finalement à être récoltées.

Dans le cas du tsunami en Asie, les associations assistèrent à un phénomène d'une ampleur inédite – le don spontané sur Internet –, qui accrut davantage leur difficulté à prévoir et à maîtriser les recettes. En revanche, lors du séisme qui, quelques mois plus tard, frappa le Pakistan, la mobilisation fut moindre : « Les caisses sont vides… Le monde ne répond pas comme il devrait », déclara, le 20 octobre 2005, quelques jours après le sinistre, Jan Egeland, coordinateur des secours d'urgence de l'ONU.

Le concept de crise

Ce qu'est ou ce que doit être l'aide humanitaire ? Aucune ONG ne peut revendiquer l'exclusivité d'une définition. Une rigidité dogmatique risque de provoquer des attitudes absurdes ; selon des critères fixés par les seuls humanitaires, la notion de « crise » justifierait des procédures circonscrites dans le temps.

Ainsi, en 2006, au Népal, une ONG médicale intervint dans des zones détenues par les rebelles maoïstes, alors en lutte armée contre le gouvernement en place et le pouvoir royal. Ce conflit justifiait donc une intervention d'« urgence », qui se trouva vite en situation non seulement de soigner les rares blessés, mais de remédier aux carences endémiques de ce pays sous-équipé sur le plan médical : du jour au lendemain, des malades et des femmes sur le point d'accoucher furent pris en charge par un véritable Samu, qui proposait un transport en hélicoptère à l'hôpital provincial le plus proche. Après la signature du cessez-le-feu entre les rebelles et les forces gouvernementales, aucune « crise » ne pouvait plus légitimer de tels déploiements technologiques. C'est donc tout naturellement que cette ONG plia bagages ; selon ses normes en vigueur, l'urgence était finie.

Qui détermine les besoins et les critères ? Qui, dans un tel contexte, peut imposer une définition universelle des nécessités et des modalités de l'aide humanitaire ? Quelle est la place laissée aux interlocuteurs locaux ? Ces questions ne sont ni simples ni faciles à résoudre dans l'urgence. On peut concevoir que diverses ONG y apportent des réponses multiples, sans détenir « la » solution.

UNE POLÉMIQUE ET UN MALAISE

À l'été 2005, Médecins sans frontières annonça sa volonté de ne plus solliciter la générosité de ses donateurs pour le tsunami en Asie. Cette décision souleva la polémique, provoquant l'interpellation des ONG par les médias ainsi qu'un certain malaise au sein des associations de solidarité internationale (j'avais consacré à cette question un article, « Solidarité avec les ONG », *Libération*, 25 juillet 2005).

Si le réalisme et le souci de transparence constituèrent des mobiles louables, l'hypermédiatisation de la décision est à souligner, car elle ne fut pas sans effets sur l'opinion publique, voire sur les donateurs institutionnels ; parce que l'un des atouts des grandes associations humanitaires pour les causes qu'elles défendent est la portée symbolique de leurs prises de parole, leur contenu n'est jamais anodin.

L'urgence, et après ?

Pour éclairer la question, nous pouvons tirer les leçons d'autres catastrophes et montrer que l'urgence ne peut être dissociée des actions ultérieures, menées sur le terrain à moyen et à long terme, et qui réclament des fonds très importants. Les diverses phases d'intervention sont les suivantes :

– en premier lieu, les difficultés d'accès à des zones sinistrées se traduisent par des entraves fortes pour entrer en contact avec des populations encore isolées ; les frais de logistique et de transport s'en voient largement augmentés ;

– dans la plupart des régions concernées, les professionnels de santé locaux ont eux-mêmes été victimes des événements ; de nombreuses compétences extérieures doivent donc être sollicitées ;

– après la mobilisation des premières semaines, un certain nombre d'acteurs venus de l'étranger se désengagent du terrain ; dès lors, les besoins sont répartis entre des intervenants moins nombreux ;

– une fois les urgences vitales passées, il faut travailler sur le moyen terme, assurer une aide qui couvre les besoins de base – des abris, de la nourriture, des accès à l'eau potable, des combustibles pour la cuisine… – et prodiguer des soins qui, s'ils ne relèvent plus de l'urgence, n'en restent pas moins indispensables – le soutien psychologique, le suivi de la prise en charge des blessés, la restauration des traitements chez les patients chroniques, la surveillance des phénomènes épidémiques… ;
– enfin, dans la période de post-urgence, la réhabilitation des infrastructures est cruciale et grosse consommatrice de financements ;
– au-delà de cette période de quelques mois, les associations humanitaires peuvent, par des accords et des partenariats locaux, entamer une reconstruction des systèmes locaux de santé : on ne peut décemment considérer ces actions comme dépourvues de lien avec la catastrophe naturelle.

La réponse humanitaire au tsunami survenu en Asie intégrait l'ensemble de ces phases d'intervention, et non pas uniquement une action d'urgence.

Une concertation nécessaire

Freiner la collecte des dons, comme le fit Médecins sans frontières en 2005, risqua de mettre en péril l'action de toutes les ONG, voire leur existence : cette attitude, prise sans concertation ni coordination préalable avec les autres associations, n'allait-elle pas favoriser la concentration de l'action humanitaire aux mains d'un petit nombre d'organisations – les plus importantes et les plus médiatiques ?

En ces temps de replis identitaires et communautaires qui connaissent la montée d'un humanitaire militaire, empreint d'arrière-pensées géostratégiques émanant des États, la présence d'acteurs issus de la société civile dans les actions de solidarité internationale s'avère plus que jamais nécessaire ; la diversité et la complémentarité de leurs interventions en sont l'expression, parfois cacophonique.

Cela suppose que les ONG soient capables, en France – comme elles le font sur le terrain –, de s'asseoir ensemble autour d'une table afin de trouver des solutions collectives plutôt que d'échanger, par journaux interposés, sur des questions aussi sensibles.

6

Quand la connaissance du terrain est indispensable

Enlèvements en Colombie et dans la bande de Gaza, août 2004 et mai 2006

Le quotidien des missions humanitaires des ONG internationales apporte son lot d'incidents qui, le plus souvent, sont résolus d'une façon discrète et trouvent une issue heureuse. Aujourd'hui, pour les équipes, l'attention accordée aux préoccupations de sécurité est primordiale. Tirés de l'expérience de Médecins du monde, les deux récits qui suivent, l'un en Colombie, l'autre dans la bande de Gaza, en témoignent ; ils auraient pu concerner d'autres organisations : toutes les grandes associations font preuve d'un savoir-faire qui leur permet d'éviter ou de désamorcer la plupart des situations périlleuses.

LA RAPIDITÉ DES NÉGOCIATIONS

En août 2004, une équipe composée d'un volontaire expatrié et de deux travailleurs colombiens – ainsi que d'un séminariste rejoignant sa paroisse – circulait à bord d'une embarcation à moteur sur le fleuve Atrato, dans la province du Choco.

Une seconde embarcation, dont les occupants étaient armés et vêtus d'uniformes non conventionnels, l'aborda. Les hommes appartenaient à l'un des mouvements de guérilla qui évoluaient dans la zone. Sous la contrainte, l'équipe de Médecins du monde fut conduite sur un bras latéral du fleuve ; le contact avec elle fut perdu.

Des négociations démarrèrent aussitôt, qui mobilisèrent la responsable du programme sur place, en lien avec la direction des missions, à Paris, et en relation étroite avec le diocèse de la région – même sans la présence d'un religieux dans l'embarcation, il constituait, en Colombie, un acteur incontournable. Le diocèse proposa de mettre à disposition un prêtre pour participer aux négociations.

L'équipe connaissant bien la zone, les négociateurs dépêchés sur le terrain entrèrent vite en contact avec les ravisseurs. Au bout de trois jours, la libération des hommes et du séminariste fut obtenue. Pendant leur détention, aucun d'entre eux ne subit ni violences ni mauvais traitements.

Interrompus pendant une semaine, les programmes de Médecins du monde reprirent ensuite leur cours normal.

LES LIENS LOCAUX

À l'initiative du Front populaire de libération de la Palestine (FPLP), une importante manifestation de rue fut organisée à Gaza, le 14 mai 2006, afin de protester contre l'arrestation par l'armée israélienne de Ahmad Saadat, un des chefs du mouvement. Compte tenu de l'insécurité croissante sur ce territoire depuis quelques jours, Médecins du monde décida d'évacuer ses deux volontaires expatriées : elles quittèrent les bureaux de l'association en compagnie d'un chauffeur et d'un autre salarié local et se rendirent vers le point de passage d'Erez ; en chemin, leur véhicule se heurta à la manifestation.

Identifiées à bord du véhicule, les deux volontaires furent enlevées par des hommes armés, tandis que les membres du personnel local, également enlevés, étaient séparés d'elles. En lien avec le coordinateur général du programme de Médecins du monde basé à Jérusalem, d'autres membres palestiniens de l'équipe entamèrent alors la négociation.

Les négociateurs prirent contact avec les dirigeants du Front populaire de libération de la Palestine et, dix heures après l'enlèvement, obtinrent la libération de toute l'équipe. Si cette dernière fit l'objet de menaces, elle ne subit aucun mauvais traitement. Pendant la même journée, quatorze personnes furent enlevées dans la bande de Gaza. Toutes furent libérées vingt-quatre heures plus tard.

Les programmes de Médecins du monde furent interrompus pendant plusieurs jours ; la décision fut prise de ne plus envoyer provisoirement de personnels sur ce territoire. Six mois plus tard, ces mesures furent levées, et l'action des volontaires expatriés reprit dans la bande de Gaza.

LES MOYENS ET LES COMPÉTENCES

Les deux cas d'enlèvements en Colombie et dans la bande de Gaza trouvèrent une issue positive. Leur analyse rétrospective montre qu'un certain nombre de facteurs vinrent en faciliter la résolution :

– les équipes humanitaires entretenaient des contacts étroits avec l'ensemble des partenaires institutionnels et politiques ;

– les personnels locaux et les personnels expatriés étaient étroitement associés à la gestion des conditions de sécurité ;

– sur le terrain étaient présents des chefs de mission chevronnés ;

– les entretiens et les négociations furent grandement facilités par l'existence de moyens de télécommunication performants, permettant des liens fréquents avec les capitales et le siège de Médecins du monde, à Paris ;

– avant leur départ sur le terrain, les volontaires exposés à ce type de contexte sont sensibilisés sur la conduite à tenir en de pareilles circonstances.

Ces mesures ne constituent que des obligations de moyens, sans garantir pour autant la résolution de toutes les situations. Néanmoins, cela souligne la notion de taille critique qu'une association humanitaire doit posséder pour se doter des techniques et des compétences requises par les éléments de complexité et de dangerosité.

Deuxième partie

Le refus du modèle occidental

7

La disparité des organisations non gouvernementales

La génération à laquelle appartiennent Médecins sans frontières, Médecins du monde, Action contre la faim et Handicap International évolue sur des terrains de crise à l'instar des innombrables ONG internationales. Il ne s'agit pas ici de dresser la liste exhaustive des acteurs non gouvernementaux, mais de souligner que les ONG appartiennent à un univers cosmopolite et protéiforme, de dégager quelques-uns de leurs caractères distinctifs et de pointer quelques-uns des facteurs qui, lors des conflits, concourent à engendrer de la confusion. Car ces amalgames aboutissent à mettre dans le même sac l'ensemble des intervenants, faisant alors naître l'image d'une famille aux pratiques et aux intérêts communs.

Pour se repérer parmi les dizaines de milliers d'organisations non gouvernementales qui existent dans le monde, trois critères principaux sont couramment utilisés :

– leurs domaines d'intervention ;

– leur taille et leur budget ;

– les rapports qu'elles entretiennent avec le gouvernement de leur pays d'origine.

S'y ajoutent d'autres éléments, par exemple leur caractère ou non religieux – un aspect non abordé dans cet ouvrage, car il ne concerne pas directement le mouvement des « sans frontières ». Parfois, la présence d'ONG confessionnelles, voire de groupes de missionnaires, est perçue comme une provocation par les autorités locales, comme cela fut le cas en Afghanistan, en 2007, lors de l'enlèvement et de l'exécution de représentants d'un mouvement chrétien sud-coréen.

LES DOMAINES D'INTERVENTION

On distingue quatre grandes familles d'ONG selon leurs thématiques d'intervention (voir Michel Doucin, *Les ONG : le contre-pouvoir ?*, p. 8) : les environnementalistes ; les défenseurs des droits de l'homme ; les développementalistes ; les humanitaires d'urgence.

Cette quatrième catégorie – dont il est plus particulièrement question dans ce livre – a pour figure de proue Médecins sans frontières, créé par une douzaine de personnes en 1971. Deux prix Nobel de la paix lui ont été attribués : en 1997, à Handicap International, au sein d'un regroupement de six ONG (avec Human Rights Watch, Medico International, Mines Advisory Group [MAG], Physicians for Human Rights et Vietnam Veterans of America Foundation [VVAF]), pour leur campagne menée pour obtenir la suppression des mines antipersonnel ; en 1999, à Médecins sans frontières, pour l'ensemble de ses sections internationales.

LES BUDGETS

Les organisations non gouvernementales occidentales se taillent la part du lion du budget global dont disposent, au niveau mondial, l'ensemble des ONG.

Dans le monde

Les ONG d'aide d'urgence et de développement, ou ONG de solidarité internationale, ont connu une forte croissance au cours des vingt dernières années : pour les pays développés, leur budget était estimé en 2005 à 17 milliards d'euros. Cependant, ce montant est réparti entre des ONG très variées par leur taille et leur mode de fonctionnement. Pour les ONG humanitaires des mêmes pays, le budget global était estimé en 2005 à 10 milliards d'euros, plus de la moitié étant représenté par des ONG originaires des États-Unis.

Les principales organisations mondiales sont américaines ; tandis que le budget annuel de World Vision International est de 648 millions d'euros et celui de Care de 449 millions, le budget de Médecins sans frontières, avec l'ensemble de ses sections, est de 560 millions d'euros ; quant à Médecins du monde, par son réseau international, il pèse 100 millions d'euros environ.

En Europe

Les poids lourds des ONG européennes sont les associations britanniques Action Aid et Oxfam (Oxford Committee for Famine Relief) ; en 2006, cette dernière disposait d'un budget global de 662 millions d'euros ; la même année, l'ONG allemande Misereor avait un budget de 172 millions d'euros.

En France, 40 800 associations humanitaires ont été dénombrées en 2006, soit près du double de ce qui existait en 2000 ; seules 13 % d'entre elles possèdent des salariés – ce qui représente 40 500 emplois en équivalent temps plein (ETP) et environ 95 000 postes ETP occupés par des bénévoles.

Le budget global des ONG françaises était estimé en 2006 à 2,6 milliards d'euros, avec de fortes disparités : les cent vingt-quatre plus grandes ONG françaises disposaient en 2003 de 652 millions d'euros, provenant à plus de 60 % de donateurs privés. Ce budget est en augmentation constante ; les fonds privés ont augmenté de 4,5 % en 2006, et ils avaient pris 11 % en 2005 et 9 % en 2004 – ce qui s'explique en partie par l'importance des dons générés par le tsunami en Asie (voir le chap. 5).

Malgré la présence de quelques très grosses ONG, le secteur humanitaire ne représente que 4 % du budget global du monde associatif français, mais il est actuellement en très forte croissance aussi bien en nombre d'emplois qu'en poids économique.

Sous le terme d'associations humanitaires se retrouvent donc en France une multitude de petites ou de très petites structures, qui reposent sur quelques bénévoles, sans personnel salarié. Dans les contextes qui prévalent aujourd'hui sur le terrain, cette réalité a une incidence sur la capacité – ou l'incapacité – de la plupart d'entre elles à se doter des compétences et des outils adaptés aux conditions de sécurité.

LES RAPPORTS AVEC LES GOUVERNEMENTS

Pour Édith Archambault, professeur émérite de sciences économiques et responsable de la partie française du programme John Hopkins de comparaison internationale du secteur sans but lucratif, le type de relations qu'entretiennent, en Occident, les ONG avec les États de leur pays d'origine obéissent à trois modèles.

Le modèle rhénan scandinave

Regroupant l'Allemagne, la Suisse, la Belgique et les Pays-Bas, le modèle rhénan scandinave caractérise des ONG qui bénéficient de financements publics massifs. En général, la marge de manœuvre dont bénéficient ces ONG à l'égard de leur gouvernement est celle d'une grande autonomie, avec, dans l'exercice des responsabilités, des passerelles fréquentes entre les dirigeants des ONG et les instances gouvernementales ou ministérielles.

Faisant l'analogie entre ces ONG et les pratiques sociales des pays concernés, Michel Doucin, ancien ambassadeur pour les droits de l'homme auprès du ministre des Affaires étrangères, qualifie ce modèle de social-démocrate ; il y voit un parallèle avec la tradition corporative des relations entre les syndicats et les employeurs (voir *Les ONG : le contre-pouvoir ?*, p. 117).

Le modèle anglo-saxon

Des pays tels que les États-Unis, le Canada et le Royaume-Uni peuvent être classés dans la deuxième catégorie, le modèle libéral anglo-saxon. Deux spécificités majeures le caractérisent : une grande défiance à l'égard du rôle de l'État et un fort patriotisme.

Les grandes ONG américaines s'inscrivent résolument dans cette logique ; certaines d'entre elles, par exemple World Vision International, possèdent par ailleurs une connotation chrétienne affichée. Nés lors de la Seconde Guerre mondiale, la plupart de ces poids lourds anglo-saxons sont aujourd'hui très présents sur le terrain ; par leur taille, leur visibilité et leur positionnement, ils entretiennent une confusion qui retentit sur l'ensemble des intervenants humanitaires.

Depuis les attentats du 11 septembre 2001, l'administration américaine placée sous la direction du président George W. Bush a engagé les forces armées sur divers lieux de conflit tels que l'Afghanistan et l'Irak, avec la Grande-Bretagne pour allié constant ; dans ces pays, le déploiement des troupes américaines et anglaises, soutenues par d'autres troupes étrangères, s'est accompagné de la venue des grandes ONG anglo-saxonnes pour faire face aux crises humanitaires qui précédaient les interventions armées ou qui constituaient les conséquences du conflit international.

Ces dernières années ont été marquées par la volonté des autorités américaines d'utiliser les ONG de leur pays comme une stratégie complémentaire dans la lutte contre le terrorisme : les subventions accordées aux ONG par le gouvernement de George W. Bush étaient, d'une manière très claire, subordonnées à leur acceptation de cette logique. Même si certaines ONG anglo-saxonnes ont parfois exprimé des réserves à l'égard du rôle qu'on souhaitait leur attribuer, il n'en reste pas moins que les autorités américaines sont résolues à poursuivre dans cette voie.

Le modèle méditerranéen

Les pays de l'Europe du Sud tels que l'Italie, l'Espagne, le Portugal, la Grèce et la France constituent le troisième groupe. Selon ce modèle, la capacité du secteur associatif à peser sur les politiques publiques est moindre.

Dans le cas particulier de la France, cela tient en partie à son histoire, au cours de laquelle l'État s'opposa fortement au développement de toutes les formes de corporatisme, ainsi que l'atteste la promulgation de la loi Le Chapelier, le 17 juin 1791.

Son article premier donne le ton :

« L'anéantissement de toutes espèces de corporations de citoyens du même état ou profession étant une des bases fondamentales de la Constitution française, il est défendu de les rétablir de fait, sous quelque prétexte et quelque forme que ce soit. »

En France, la faiblesse de ce rapport de force se retrouve dans le secteur associatif, qui semble hésiter entre plusieurs positions à l'égard de l'État. Il est :

– tantôt gestionnaire de structures médico-sociales, comme c'est le cas pour le handicap ;

– tantôt groupe de pression sur une problématique spécifique, ainsi pour les associations de personnes concernées par certaines maladies – par exemple le sida ;

– tantôt expérimentateur d'initiatives, pour interpeller les pouvoirs publics et obtenir des évolutions légales (voir le chap. 8, p. 113).

Par ses actions menées en France, Médecins du monde appartient plus particulièrement à cette dernière catégorie : sa contribution, au sein du collectif Alerte, à la mise en place de la couverture maladie universelle (CMU) ou ses actions pour la réduction des risques liés à la toxicomanie en témoignent ; ainsi, la mise à disposition de tentes pour les personnes sans abri illustre quelques actions d'un secteur associatif somme toute peu familier d'une opposition frontale avec les pouvoirs publics.

L'héritage républicain se retrouve dans les positions que Lionel Jospin, alors premier ministre, prit dans un discours prononcé lors d'un voyage au Brésil, en avril 2001 : « Les associations et les ONG n'ont pas une légitimité ni une capacité d'agir du même ordre que celle que confère la souveraineté, surtout lorsque celle-ci procède du suffrage universel. »

Cette phrase résume la nature des relations qui, en France, pour des raisons historiques, lient le secteur associatif et l'État dans une sorte d'expectative armée – même si, par la formule qu'il utilisa, l'ancien premier ministre fit un amalgame entre les notions de légitimité et de représentativité (voir le chap. 9, p. 117).

L'AIDE PUBLIQUE AU DÉVELOPPEMENT

Le terme « aide publique au développement » (APD) désigne l'ensemble des aides publiques qu'un gouvernement engage auprès d'un gouvernement ou de la population d'un pays en développement – on parle alors d'aide bilatérale – ou sous la forme d'une contribution à des pots communs – on parle alors d'aide multilatérale ; par exemple, l'aide de la France passe soit par les fonds européens ou le fonds mondial de lutte contre le sida, soit par sa contribution à des fonds humanitaires dans le cadre des Nations unies.

Parmi les objectifs du millénaire

Amorcé en 2000 au sein des Nations unies, un mouvement lutte contre la pauvreté en cherchant à atteindre d'ici 2015 huit « objectifs du millénaire pour le développement » (OMD) ; il s'agit d'instaurer une synergie dans l'aide publique apportée par les pays donateurs afin d'augmenter son efficacité sur des problématiques jugées prioritaires et validées par les pays bénéficiaires. L'un de ces objectifs est que l'ensemble des pays développés aboutissent à une aide publique annuelle égale à 0,7 % de leur richesse nationale.

Pour un pays donné, le pourcentage de cette aide publique au développement absorbé par les ONG révèle le type de relations que chaque pays entretient avec ces acteurs de la solidarité internationale et à quel modèle – rhénan scandinave, anglo-saxon ou méditerranéen – il se rattache. Dans la plupart des cas, cette aide publique au développement reste très en deçà de l'objectif visé. Nombreux sont les pays qui tirent plus de revenus de leur diaspora que de cette forme de solidarité internationale ; un pays tel que le Mali reçoit de sa diaspora plus de 180 millions d'euros par an.

Selon le modèle auquel elles appartiennent, les ONG européennes absorbent d'une manière très différente l'aide publique au développement :

– la Slovaquie détient le record européen de financement des ONG d'urgence et de développement, son gouvernement fournissant 45 % de leur budget ;

– avec 20 %, les Pays-Bas et l'Irlande sont également des pays où les liens entre la solidarité gouvernementale et les ONG sont forts ;

– en Europe, 10 % en moyenne de l'aide publique au développement des États transitent par les ONG ;

– avec moins de 1 %, la France se situe en queue de peloton, une situation à mettre en relation avec les principes qui présidèrent à l'émergence du mouvement humanitaire et à l'affirmation de son caractère résolument non gouvernemental.

8

La génération des « sans frontières »

La génération des « sans frontières » est le reflet d'une époque, celle de la fin des Trente Glorieuses, cette période de forte croissance économique comprise entre 1945 et 1973, entre la fin de la Seconde Guerre mondiale et le choc pétrolier. Depuis sa naissance, elle est l'expression d'une certaine société civile européenne, le révélateur des préoccupations de la fin des années 1960, le témoin attentif d'une période caractérisée par la domination occidentale du monde.

Hors de l'Europe, la plupart des puissances économiques, industrielles et politiques actuelles telles que l'Inde et la Chine ne se sont pas encore développées ; les dragons d'Asie sont encore endormis. En Afrique et ailleurs, de nombreux pays se débattent dans les problèmes de la post-colonisation tels que des conflits internes pour l'accession au pouvoir ou des querelles de frontières héritées du découpage des territoires par les anciennes puissances occupantes ; ils doivent faire face à des retards techniques et éducatifs importants. Tandis que les États-Unis tiennent d'une main de fer leur pré carré sud-américain, l'Europe entretient des rapports de domination avec le continent africain.

À la fin des années 1960, cette génération des « sans frontières » est mue par des mobiles avant tout antitotalitaires. Deux mécanismes complémentaires et non dénués d'une certaine ambiguïté animent ces nouveaux humanitaires : un anticommunisme alimenté par la perception, en particulier au Viêt Nam mais d'une manière générale en Indochine, des premiers symptômes dramatiques des régimes marxistes en place ; une attirance pour les prises de pouvoir de gouvernements de gauche et les mouvements de guérilla en Amérique latine.

LA GUERRE DU BIAFRA

C'est à l'occasion de la guerre du Biafra qu'apparut le mouvement des « sans frontières ». Dès cette époque coexistèrent des ingrédients qui se retrouvent dans les conflits d'aujourd'hui : la radicalisation de la violence, la mobilisation de l'identitaire, le défaut d'application du droit international de la guerre, l'utilisation de mercenaires, les rivalités de blocs, la dimension religieuse, la préoccupation pour la production pétrolière, l'ingérence étrangère massive, la très forte médiatisation...

Le déroulement du conflit

Entre 1967 et 1970 se déroula au Nigeria une guerre civile opposant les forces gouvernementales à un mouvement rebelle constitué par les Ibos, un peuple qui, installé à l'est du pays, fit sécession : en mai 1967, le lieutenant-colonel Ojukwu donna à la région le nom de Biafra, avec Enugu pour capitale de la nouvelle république. C'est dans cette partie du Nigeria qu'étaient situés les gisements de pétrole, connus depuis les années 1950 et convoités par les États-Unis, la Grande-Bretagne et la France.

En 1968, après une suite d'attaques et de contre-attaques, la population du Biafra fit l'objet d'un blocus, interdisant à tout convoi humanitaire de pénétrer dans la zone du conflit : les Ibos subirent à la fois la violence de la guerre et une famine terrible. En 1969, la Grande-Bretagne demanda un embargo international sur les armes, un cessez-le-feu et une rencontre entre les belligérants, ainsi que l'ouverture de couloirs de ravitaillement pour les populations civiles. À la fin de l'année, le gouvernement fédéral remporta la dernière offensive. En janvier 1970, un cessez-le-feu fut signé. La guerre du Biafra s'acheva, avec pour bilan entre un et trois millions de morts, et plus de trois millions de réfugiés ibos.

Les intérêts des puissances étrangères

Tandis que la Grande-Bretagne soutenait les forces gouvernementales favorables à la British Petroleum, la France se rangea, en sous-main, du côté de la sécession biafraise. L'intervention de l'URSS et des pays de l'Est, qui fournissaient des armes et un soutien diplomatique au gouvernement, conféra à la guerre sa dimension internationale ; les pays arabes firent de même.

L'ingérence étrangère se manifesta également par la présence, des deux côtés, de nombreux mercenaires, ce qu'aucun belligérant ne reconnut officiellement (voir Danielle Domergue-Cloarec et Antoine Coppolani [dir.], *Des conflits en mutation ? De la guerre froide aux nouveaux conflits : essai de typologie de 1947 à nos jours*, Paris, Complexe, 2004).

L'intervention de la Croix-Rouge

Depuis la capitale gabonaise, le gouvernement français organisa par voie aérienne des livraisons massives de vivres et de médicaments, mais également, sous la bannière de la Croix-Rouge – dont le président était alors un militaire, le médecin général De Benedetti –, des approvisionnements en armes et en munitions destinés à la rébellion biafraise. À Libreville, le délégué de la Croix-Rouge était le colonel Merle, attaché militaire français au Gabon (voir François-Xavier Verschave, « Biafra pétrolo-humanitaire », chap. IV de *La Françafrique : le plus long scandale de la République*, Paris, Stock, 1998, p. 150).

Sur fond de guerre froide, le Biafra représenta donc la conjonction d'actions armées et médicales ; les missions de la Croix-Rouge furent validées par l'Élysée.

SOS Biafra

Afin de secourir les Biafrais, de nombreuses organisations de solidarité internationale se mobilisèrent et sensibilisèrent l'opinion publique ; le Nigeria devint ainsi le lieu du plus grand programme d'urgence jamais organisé depuis la Seconde Guerre mondiale : SOS Biafra. Mais l'absence de coordination tourna parfois à la concurrence entre les divers intervenants. Le Comité international de la Croix-Rouge (CICR) fut mis en concurrence avec plusieurs ONG, dont des ONG confessionnelles telles que Joint Church Aid ; on parla même de « guerre de l'humanitaire »...

Devoir de parole contre devoir de réserve

C'est dans ce contexte d'une guerre pour la première fois très médiatisée que deux médecins français, volontaires de la Croix-Rouge de retour du terrain, décidèrent d'écrire dans la presse pour alerter l'opinion : le 27 novembre 1968, Max Récamier et Bernard Kouchner dénoncèrent dans les colonnes du *Monde* les atrocités auxquelles ils avaient été confrontés dans le réduit biafrais (voir aussi le chap. 10, p. 134).

En revendiquant, lors des situations dramatiques, le nécessaire devoir de parole des humanitaires présents sur le terrain, ils signaient là leur rupture avec le CICR. Par cette prise de parole, en brisant ainsi la loi du silence, ils dérogeaient à l'un des principes fondamentaux de la Croix-Rouge : le devoir de réserve et de confidentialité, une attitude qui lui avait déjà été âprement reprochée à propos de son rôle pendant la Seconde Guerre mondiale – quand la Croix-Rouge avait su le sort réservé aux populations juives déportées dans les camps de concentration et d'extermination nazis, elle n'en avait rien dit, ou n'en avait rien voulu savoir.

L'humanitaire d'urgence

Bernard Kouchner continua d'exprimer son indignation dans les médias. Le 19 janvier 1970, *Le Nouvel Observateur* publia son témoignage sous le titre « Un médecin accuse » :

> « *Comment peut-on être de gauche et laisser massacrer deux millions d'individus ? Le massacre des Biafrais est le plus grand massacre de l'histoire moderne après celui des Juifs, ne l'oublions pas. Est-ce que cela veut dire que le massacre de millions d'hommes n'a pas de dimension politique ?* »

Bernard Kouchner utilisa le mot « génocide ». Dans l'importante biographie qu'elle a consacrée à Médecins sans frontières, la journaliste et écrivaine Anne Vallaeys commente ainsi ces événements : « sans attenter à la mémoire des centaines de milliers de victimes de cette sécession avortée, on sait aujourd'hui que l'invocation génocidaire est un mensonge, doublée d'une manipulation médiatique » (*Médecins Sans Frontières, la bio*, Paris, Fayard, 2004 ; voir aussi Marie-Édith Alouf, « Médecins sans frontières : une histoire d'aventures », *Politis*, 833, 6 janvier 2005). Elle dresse un bilan de l'intervention française dans la guerre du Biafra :

> « *Dans la version officielle, jamais ne sont abordées les ambiguïtés, voire le piège, où cet humanitaire nouveau se laissera enfermer. Ainsi, quand quarante ans plus tard, il est question du Biafra, les intérêts d'Elf, la dimension franco-pétrolière de l'enjeu du conflit sont écartés, comme s'il s'agissait d'un obscur conflit ethnique africain, un de plus… […]*
>
> « *Contraint d'agir dans l'ombre d'un conflit interne au Nigeria, où s'emmêlaient les intérêts des impérialismes d'alors, de Gaulle charge Jacques Foccart, son Monsieur Afrique, d'acheminer*

médecins et médicaments d'une main, quand, de l'autre, il livre clandestinement avions, armes et mercenaires. Dans la guerre du Biafra, le concept « humanitaire d'urgence », dont Kouchner sera désormais le héraut, intégrait les ingrédients variés d'une instrumentalisation. Il serait indigne de reprocher aux soignants d'avoir été dupes des manipulations de l'État français. Ils opéraient, soignaient les victimes dans des conditions de précarité inouïes, tandis que, côté jardin, le cynisme élyséen espérait procurer un complément énergétique à la France... (« Le paravent humanitaire », *Libération*, 29 mai 2007.)

Dès lors, sans faire de procès d'intention ni injure à leur révolte, on perçoit combien les interpellations médiatiques des pionniers de l'humanitaire contemporain ont été, à cette époque, en synergie avec le rôle joué par la diplomatie française. Aux côtés des sécessionnistes biafrais, la préoccupation des autorités françaises pour la production pétrolière était forte.

Voilà l'ambiguïté originelle qui a donné naissance à Médecins sans frontières (MSF) en 1971, puis à d'autres ONG françaises telles que Action contre la faim (ACF) en 1979, Médecins du monde (MdM) en 1980 et Handicap International en 1982. Quelques années après l'éclosion de cette nouvelle génération d'humanitaires, la notion de droit d'ingérence sera théorisée et défendue par Bernard Kouchner et par Mario Bettati, spécialiste de droit international humanitaire.

1971 : MÉDECINS SANS FRONTIÈRES

Créé en 1970, le Groupe d'intervention médico-chirurgicale d'urgence (GIMCU) s'associa avec le Secours médical français (SMF) pour donner naissance, le 22 décembre 1971, à Paris, à Médecins sans frontières. Le

3 janvier 1972, la revue médicale *Tonus* fit sa une sur la fondation de cette association régie par la loi de 1901.

Ils étaient douze – comme les apôtres ! – à former le groupe fondateur : Raymond Borel et Philippe Bernier, de la revue *Tonus*, et les médecins et chirurgiens Jacques Bérès, Jean Cabrol, Marcel Delcourt, Pascal Grellety-Bosviel, Gérard Illouz, Bernard Kouchner, Gérard Pigeon, Vladan Radoman, Max Récamier et Jean-Michel Wild.

Le but de Médecins sans frontières est de « réunir, sans discrimination et sans exclusive, tous les médecins et corps de santé volontaires, pour apporter leur assistance aux populations éprouvées par des cataclysmes, des accidents collectifs ou des situations de belligérance » ; elle « se mettra à disposition des organismes internationaux, des gouvernements ou autorités constituées des pays éprouvés, ainsi que des organisations publiques et privées qui, dans ces mêmes pays, lui font appel ».

1980 : MÉDECINS DU MONDE

Ils étaient quarante-trois, le 7 mars 1980, à créer Médecins du monde ; la plupart étaient des transfuges de Médecins sans frontières. Douze d'entre eux formèrent le premier conseil d'administration : Patrick Aeberhard, Monique Amesland, Patrick Chadel, Alain Deloche, Monique Donabedian, François Foussadier, Françoise Gautier, Bernard Kouchner, Patrick Laburthe-Tolra, Jean-Élie Malkin, Richard Rossin et Jean-Claude Sénéchal. Bernard Granjon, un futur président, était également de la partie, de même que Jacques Bérès.

Dans le paysage humanitaire français, Médecins du monde a tissé une histoire particulière avec l'Amérique latine. Cette relation, qui s'est nourrie d'un grand nombre de programmes sur ce continent, est le fruit de la sensibilité sociale et politique de ceux qui présidèrent à son développement lors de ses dix premières années d'existence.

L'Amérique latine, ou l'engagement

En ce début des années 1980, Haïti, le Salvador, le Guatemala, le Brésil, l'Argentine, le Chili, la Colombie, le Nicaragua et le Pérou virent se succéder des dizaines de volontaires empreints d'une culture « anti-gringo », là où les États-Unis ne voulaient subir aucune tentation gauchisante, orchestrant des prises de pouvoir sanglantes par des forces armées alliées aux oligarchies nationales. Dans une Amérique latine alors marquée par une ferveur politique, tous les volontaires prenaient conscience de ce qu'étaient la répartition inégale des richesses et les stratégies de contrôle du pouvoir par les élites possédantes.

Mus par une attirance d'ordre idéaliste, pas toujours fondée sur une culture et une analyse politiques, de jeunes médecins construisirent leur expérience sociale et militante au contact de leurs aînés, plus « conscientisés » en la matière. Ce fut aussi pour eux l'occasion de rencontrer les acteurs du changement qui, dans de nombreux pays écrasés par des dictatures militaires, payèrent parfois cher leur engagement en tant que dirigeants politiques, sociaux ou communautaires.

Les luttes sociales, l'accès à la terre et la défense des minorités ethniques imprégnèrent, en ces années 1980, toute une génération de volontaires, les rendant aptes à démonter les mécanismes qui mènent à l'inégalité des droits. Quelques années plus tard, cela les sensibiliserait avant l'heure aux revendications portées par des groupes altermondialistes – sans que Médecins du monde s'y identifiât véritablement.

L'attirance pour l'Amérique latine, puis l'engagement humanitaire amenèrent certains dirigeants de Médecins du monde – dont je fais partie – à établir des contacts avec des personnages dont l'aura était liée à ces deux mythes fondateurs. Fugacement, ils croisèrent la route de Rigoberta Menchú – prix Nobel de la paix en 1992 – au Guatemala, de Fidel Castro à Cuba, du sous-commandant Marcos – chef emblématique de l'armée zapatiste de libération nationale – et de Mgr Samuel Ruiz – évêque de San Cristóbal de Las Casas – au Mexique, ou encore de figures de l'internationale révolutionnaire telles que le Cubain Patricio de la Guardia.

D'une façon différente de Médecins sans frontières, la construction de Médecins du monde s'est donc fondée sur une sensibilité profondément marquée par les expériences vécues en Amérique latine. D'emblée, l'engagement de ceux qui s'impliquèrent sur ce continent se plaça sous le signe de la rencontre et de l'échange avec des dirigeants sociaux et des communautés en lutte pour faire entendre leurs revendications.

La France, ou la découverte de la pauvreté

L'acquisition de sa culture politique en Amérique latine conduisit Médecins du monde à faire le lien entre le « ici » et le « là-bas », renforçant son ancrage citoyen et sa sensibilité aux problématiques sociales qui associent la santé et la précarité. Six ans après sa création, dans un prolongement naturel fut créée la mission France, sous la présidence d'Alain Deloche. Les premier et deuxième chocs pétroliers, en 1973 et en 1979, étaient passés par là : les enfants des Trente Glorieuses découvraient la pauvreté à leur porte et décidaient de se mobiliser sur la question de l'accès aux soins pour les personnes les plus précaires, révélatrice d'inégalités sociales flagrantes. Les premières actions furent alors menées.

À partir de cette période, des acteurs de Médecins du monde impliqués à titre professionnel dans la prise en charge des personnes toxicomanes s'engagèrent dans ce domaine ; ce fut le début d'un mouvement important : la réduction des risques (RDR). En vingt ans, en collaboration avec de nombreux intervenants issus d'autres associations ou institutions, ces précurseurs firent évoluer, tant dans leur perception que dans leurs pratiques, la prévention et le soin dans le domaine de la toxicomanie, en particulier à l'égard des consommateurs de drogues injectables. Remettant en cause le dogme qui prévalait jusqu'alors – une stratégie unique, fondée sur l'accompagnement au sevrage –, ils dénoncèrent le caractère irréaliste d'une telle position ainsi que ses effets néfastes sur la diffusion de l'épidémie de sida et sur la désocialisation des usagers de drogue, en quête perpétuelle de moyens financiers.

Cette mouvance proposa et fit adopter par les pouvoirs publics un certain nombre de dispositifs innovants : la création des premiers centres de dépistage du sida, volontaires, anonymes et gratuits ; l'élaboration du premier programme d'échange de seringues ; l'ouverture des premiers centres de substitution par la méthadone ; la mise à disposition des premiers kits d'injection stériles…

Aujourd'hui, l'engagement social, la capacité à faire le lien entre les questions de santé et leurs déterminants politiques, l'approche communautaire du travail de terrain, ainsi qu'une suspicion intuitive à l'égard des stratégies économiques et militaires des États-Unis restent d'actualité à Médecins du monde. Dans des conflits et des contextes contemporains, en particulier au Moyen-Orient, cette sensibilité rencontre de nouveaux échos chez une partie de ses adhérents : sans être érigée en dogme, elle en constitue plutôt sa mémoire collective.

9

Les French doctors : l'exportation d'un modèle

L'existence des organisations non gouvernementales françaises s'inscrit dans une histoire de la solidarité en Occident, une histoire qui puise ses racines dans la charité chrétienne et revendique l'héritage du siècle des Lumières. Cette généalogie fait des humanitaires des intervenants qui appartiennent à une culture professionnelle et à une dynamique de société marquées dans le temps. Cet environnement a forgé l'identité même de ces acteurs de l'aide internationale.

Fruits d'une évolution sociale et politique, les humanitaires interviennent selon une déontologie, des pratiques et des domaines de compétence qui leur sont propres. Dans leurs actions comme dans leurs prises de parole, ils sont le reflet du monde dont ils sont issus ; à ce titre, ils exportent des modèles qui déterminent leurs positions – même s'ils consacrent beaucoup de temps et d'énergie à les remettre en cause…

L'ASSOCIATION : UN OUTIL DE DÉMOCRATIE

L'un des pères fondateurs du mouvement associatif français est Alexis de Tocqueville qui, lors d'un voyage aux États-Unis en 1831, s'inspira des modalités d'associations qu'il y avait observées. Il se fit le porte-parole de ce qu'il considérait comme un outil de première importance pour la construction de la vie démocratique : « il n'y a pas de pays où les associations soient plus nécessaires, pour empêcher le despotisme des partis ou l'arbitraire du prince, que ceux où l'état social est démocratique. Chez les nations aristocratiques, les corps secondaires forment des associations naturelles qui arrêtent les abus de pouvoir » (*De la démocratie en Amérique*, I, 1835, chap. IV, « De l'association politique aux États-Unis »). En France, le mouvement humanitaire contemporain a associé de jeunes professionnels occidentaux à des modèles théorisés par Tocqueville et hérités de son expérience états-unienne.

La loi du 1er juillet 1901 créa le statut d'association à but non lucratif. Au-delà de ce cadre juridique, c'est d'une représentation dont il s'agit. Les organisations humanitaires possèdent une vocation de contre-pouvoir, de pression politique ; pour ce faire, elles tirent leur légitimité non pas du suffrage universel, auquel Lionel Jospin se référait (voir le chap. 7, p. 103), mais de leur sensibilité à des problématiques sociétales.

Fondée le 25 juin 1945, l'Organisation des Nations unies (ONU) jeta les bases du statut des organisations non gouvernementales (ONG) – par opposition aux organisations intragouvernementales. Dès lors, leur dimension d'acteurs internationaux non étatiques était officiellement acquise. Dans une certaine mesure, il s'agissait là du prolongement, sur le plan international, des constats effectués par Tocqueville : à travers l'émergence des ONG, l'ONU considérait le secteur associatif comme un outil pouvant jouer un rôle de stabilisation de la paix tout en contribuant à la diffusion des mécanismes d'apprentissage de la vie démocratique tels qu'ils étaient alors en vigueur en Amérique du Nord et en Europe

LA REPRÉSENTATIVITÉ ET LA LÉGITIMITÉ

L'une des critiques souvent formulées par les dirigeants politiques à l'encontre des ONG concerne la représentativité des associations. Par définition, les élus se voient confier un mandat de représentativité, qui leur est conféré par la majorité des personnes s'étant exprimées lors d'un scrutin.

Pour autant, cela ne permet pas de dénier aux ONG une légitimité à souligner les problèmes de société que leur mission leur fait approcher. Cette légitimité repose sur la qualité de leurs actions et, à partir du travail de leurs équipes, sur leur contribution à la réflexion quant aux questions sociétales contemporaines. Leur sens de la déontologie, leur transparence à l'égard des bénéficiaires comme des donateurs et l'indépendance recherchée vis-à-vis des sources de financement sont au service de cette légitimité et s'inscrivent dans cette logique.

Pour être légitime, le médecin n'a nul besoin d'être atteint de la maladie dont il parle. Mais il n'a pas vocation à se substituer aux personnes prises en charge et à s'exprimer à leur place, s'arrogeant une représentativité dès lors usurpée.

Les fondements de la légitimité

Dans le domaine médico-social, la légitimité naît de trois types de pratiques associatives.

Le premier groupe est composé d'associations qui tirent leur expérience de la gestion de structures d'accueil et de prise en charge de populations spécifiques ; tel est en grande partie le cas des domaines du handicap et de la protection de l'enfance. Ces associations peuvent être qualifiées de gestionnaires.

Au deuxième groupe appartiennent les associations constituées de personnes qui, d'une manière directe ou indirecte, sont concernées par des problèmes particuliers ; cette catégorie regroupe toutes les associations composées de malades ou de familles de patients touchés par certaines pathologies : Aides et Act Up pour le sida, la Fédération nationale des associations d'usagers en psychiatrie (Fnapsy) ou l'Union nationale des amis et familles de malades psychiques (Unafam) pour la santé mentale illustrent cette situation. Ces associations sont dites représentatives.

Le troisième groupe est composé d'associations qui possèdent une vocation dite expérimentale : les compétences particulières de leurs adhérents leur permettent d'investir des domaines innovants, que l'État ne prend pas, ou pas assez, en compte. Après en avoir fait avancer la réflexion et les pratiques, après avoir mis certains problèmes en lumière et à l'ordre du jour, ces associations incitent les pouvoirs publics à décider, à agir, à consacrer des moyens financiers, à organiser, à prendre en charge… Médecins du monde appartient à cette catégorie (voir aussi le chap. 8, p. 115).

LA SANTÉ : UN OUTIL DE CONSTRUCTION SOCIALE

Des associations humanitaires telles que Médecins du monde utilisent la santé et leurs compétences en la matière comme des outils de construction sociale – pour reprendre des concepts élaborés par Didier Fassin, directeur de l'Institut de recherche interdisciplinaire sur les enjeux sociaux [IRIS] (voir *Faire de la santé publique*, Rennes, Éditions de l'École nationale de la santé publique, 2005). En ce domaine, l'accueil et l'accès aux soins des Roms servent de modèle ; en France comme dans de nombreux pays européens, ces populations sont victimes d'ostracisme. Sur le plan politique, cette question crée la polémique ; il s'agit là d'un problème de société très sensible.

Alors que cette minorité est en règle générale mal perçue par l'opinion publique, la santé offre un moyen de tempérer les positions en attirant l'attention sur des conditions de vie proprement inhumaines. Une double opération est alors possible, qui consiste à médicaliser leur situation, puis à politiser le débat ; au-delà de l'aide immédiate et concrète, elle permet donc d'interpeller les pouvoirs publics sur la nécessité de prendre des mesures. Dans un État de droit, cela conduit à défendre l'idée d'évolutions légales qui procure une existence plus digne à ces personnes.

Sur le plan international, les associations humanitaires tentent d'activer les mêmes mécanismes ; les stratégies sont plus complexes à mettre en œuvre, car les interventions ont lieu dans des pays où les États sont défaillants, oppresseurs, voire prédateurs. Par ailleurs, la légitimité à prendre la parole se pose d'une façon encore plus aiguë.

Dès lors, c'est vers un autre type de repère juridique qu'il convient de se tourner pour que soient prises des mesures visant à améliorer le sort des peuples. Deux corpus sont à disposition : le droit international humanitaire, qui régit le droit de la guerre, et des éléments relatifs au respect de la Déclaration universelle des droits de l'homme.

LE DÉBAT SUR LES DROITS DE L'HOMME

Si la référence au droit national et au droit international humanitaire recueille plutôt un consensus, il en va tout autrement de la question des droits de l'homme. Ces droits possèdent-ils une valeur universelle, sachant que la plupart d'entre eux s'inspirent directement de références universalistes européennes ou paneuropéennes ? Défendus comme universels, ces droits et ces valeurs constituent-ils le produit d'une culture occidentale dominante ?

La polémique est vive, car elle réveille le conflit idéologique sous-jacent entre les universalistes et les culturalistes. De l'interprétation de ces droits peut dépendre la légitimité d'interventions armées, destinées à restaurer ce qui est présenté comme la remise en cause des droits fondamentaux de populations confrontées à la violence politique.

L'idéal universaliste

Il y a soixante ans, en 1948, l'Organisation des Nations unies promulguait la Déclaration universelle des droits de l'homme. En 2006, elle créait un nouveau Conseil des droits de l'homme, composé d'une quarantaine de membres issus de tous les continents : elle souhaitait contrebalancer un mouvement initié en 2001, à Durban, en Afrique du Sud, lors de la Conférence mondiale contre le racisme, où certains pays, membres de l'ancienne Commission des droits de l'homme, réfutèrent au nom de l'exception culturelle ou de valeurs religieuses des principes considérés comme fondamentaux – concernant en particulier les discriminations et les violences faites aux femmes.

En 2009 se tiendra le forum dit « de Durban 2 », qui pourrait aboutir à une nouvelle déclaration des droits de l'homme ; des voix s'expriment pour dénoncer la mise à mort de l'universalité des droits à laquelle se livrent plusieurs pays participant à la préparation de Durban 2.

En décembre 2007, l'Assemblée générale des Nations unies a entériné des textes condamnant des formes d'expression jugées diffamatoires par l'islam. En 2008, un certain nombre d'intellectuels français et étrangers ont exprimé leur crainte de voir ainsi régresser la défense des libertés de l'individu : « La confusion des esprits est à son comble quand est dénoncée comme une attitude raciste toute critique de la religion. C'est une menace radicale contre la liberté de penser qui est en train d'être cautionnée par l'ONU. » Ils ont préconisé un boycott de la conférence de Durban 2 et une opposition plus résolue, de la part des démocraties, au vote de toute résolution qui s'inscrirait dans une logique contraire à l'idéal universaliste de 1948 ; sinon « l'obscurantisme religieux et son cortège de crimes politiques triompheront sous les bons auspices des Nations unies » (« L'ONU contre les droits de l'homme », *Le Monde*, 28 février 2008). Il s'agit là d'un débat clé entre l'universalisme et le culturalisme (voir aussi le chap. 15, p. 182).

En juin 2008, quand la Canadienne Louise Arbour quitta ses fonctions de Haut-Commissaire des Nations unies aux droits de l'homme, elle retrouva l'inquiétude exprimée par les signataires de la tribune ; dans le bilan qu'elle dressa de ses quatre années de mandat, elle souligna l'émergence d'une logique double en matière de droits de l'homme : d'un côté des pays en développement qui privilégient une définition économique et sociale, de l'autre côté des pays développés qui mettent en avant les droits civils et politiques. Elle estima qu'elle avait dû gérer la tension entre des droits universels, mais séculaires, et le renforcement du poids des religions.

Le dilemme sur le terrain

Les associations humanitaires rencontrent en permanence le dilemme entre universalisme et culturalisme. Une situation concrète en est emblématique : Quelle attitude adopter quand, dans des communautés, des équipes sont confrontées à des pratiques telles que les mutilations sexuelles infligées aux petites filles ? Ces mutilations pouvant entraîner la mort, faut-il « médicaliser » les cérémonies et mettre les équipes à contribution pour éviter des hémorragies dramatiques, les rendant, chemin faisant, complices de ces pratiques ? Ou faut-il développer sur le plan local des campagnes volontaristes contre ces mutilations, en courant le risque d'affronter une mobilisation forte de la part des autorités traditionnelles et religieuses, pouvant provoquer le départ pur et simple des équipes ? Cela conduirait alors à renoncer à soutenir toute une population, dont les membres les plus fragiles sont les femmes et les enfants. La position adoptée le plus fréquemment par les ONG médicales est de ne jamais participer, sous quelque forme que ce soit, aux cérémonies et, sans s'opposer frontalement aux autorités coutumières, de mettre en place des programmes de sensibilisation des femmes.

LE MODÈLE BIOMÉDICAL

Les médecins qui s'engagent dans l'humanitaire ont un double saut à effectuer : changer de pays et de culture ; se départir de leurs réflexes et de leurs certitudes. Les ONG françaises témoignent d'un héritage scientifique où la définition de la santé renvoie à un modèle biomédical ; tandis que le soignant y occupe une place prépondérante, le patient est souvent réduit au rôle passif de bénéficiaire de services et de compétences. Ce modèle crée donc une situation où la relation médecin-malade est empreinte d'une forte asymétrie de pouvoir.

Cette conception de la santé et de la maladie recourt aux méthodes d'analyse des sciences exactes ; la physiologie, l'anatomie et la pharmacologie ont constitué le noyau de la formation médicale. Or, l'action humanitaire est une rencontre avec les autres, avec des personnes pour lesquelles cette approche ne va pas de soi ; le partage des savoirs est donc primordial pour faire accepter des pratiques importées.

Imprégnées d'une culture enseignée dans les universités occidentales, les équipes médicales interviennent d'une manière qui ne respecte pas toujours les soignants nationaux ni les représentations que les personnes prises en charge ont de la santé et de la maladie ; entre des pratiques de Samu et une médecine vétérinaire de catastrophe, il y a une marge qu'il faut surveiller. Au niveau international comme en France, tous les interlocuteurs entendent être pleinement considérés dans l'aide qui leur est apportée.

De ce point de vue, des projets en cours qui visent à standardiser et à quantifier les interventions humanitaires sont inquiétants, car ils font courir le risque d'une approche normative de la solidarité internationale. Moins que jamais, la complexité des terrains ne peut se satisfaire de telles modalités.

Sous le couvert de bonnes pratiques et sous la pression des responsables de financements institutionnels, des normes de distribution d'eau, de nourriture et de médicaments sont promues. Si ces recherches de rationalité sont louables, la démarche comporte cependant le risque de réduire l'aide humanitaire à la mise à disposition d'une logistique, négligeant l'étude des mécanismes sociaux et politiques du contexte d'intervention et niant toute contribution des populations et des professionnels locaux à la définition même des besoins. Sans tomber dans un culturalisme béat, ces questions sont donc à prendre en compte.

LES MODÈLES DE DÉVELOPPEMENT

Parmi les caractères distinctifs des nombreuses ONG françaises – leur taille, leur budget, leurs domaines d'intervention, leurs rapports avec les États, leur caractère ou non confessionnel… (voir le chap. 7) – figure un facteur important : leur analyse des causes du sous-développement de certains pays. Il existe en la matière quatre entités.

Cette typologie a ses limites, car la plupart des grandes ONG ne témoignent pas d'une interprétation unique des causes du sous-développement, modulant leurs interventions entre l'aide technique d'urgence, l'interpellation des pouvoirs locaux et les pressions sur les dirigeants internationaux. Si elles n'ont pas la conscience aiguë de véhiculer un modèle de développement, c'est pourtant bien du modèle économique de type libéral dont il s'agit. Avant l'heure, les humanitaires ont été des acteurs de la mondialisation.

Rattraper le retard technique

Selon certaines ONG, le sous-développement est uniquement une affaire de retard technique, dû à des raisons historiques. Dès lors, leurs modalités d'intervention cherchent à combler cet écart, et leurs actions consistent avant tout à transférer des compétences et à apporter du matériel.

Modifier les politiques occidentales

D'autres ONG estiment que le sous-développement trouve ses racines dans l'héritage historique d'une domination du Sud par le Nord. Elles activent donc des stratégies pour infléchir les politiques nationales et internationales des pays occidentaux.

Ce mouvement tiers-mondiste a donné lieu à de vives polémiques, en particulier au moment de la publication, en 1983, de l'ouvrage de Pascal Bruckner, *Le Sanglot de l'homme blanc. Tiers-Monde, culpabilité, haine de soi*, et en 1984 lors de la création par Rony Brauman et Claude Malhuret de la fondation Libertés sans frontières (LSF) : pour ces derniers, il convient, face à l'analyse parfois simpliste du tiers-mondisme, de ne pas négliger les raisons internes de corruption ou de détournement qui entravent l'émergence de certains pays pauvres, de ne pas dédouaner leurs dirigeants politiques de leur responsabilité quant à la répartition inéquitable des richesses.

Aider et mobiliser

Des ONG considèrent que la responsabilité du sous-développement incombe essentiellement aux élites et aux gouvernements des pays en développement. Dans ce cas, les interventions cherchent à allier les aides directes et la mobilisation sociale et communautaire. Pour de nombreux volontaires de Médecins du monde, l'Amérique latine des années 1970 et 1980 s'est inscrite dans cette logique.

Des stratégies alternatives

Pour d'autres ONG enfin, la définition même du développement, tel qu'il est prôné aujourd'hui, est l'expression de la domination et de l'ethnocentrisme d'un modèle économique, social et politique qui est celui de l'Occident. Dès lors, il faut imaginer des stratégies alternatives qui rompent avec l'idéologie néolibérale dominante. Pendant ces dernières années, cette position a connu un essor important avec l'émergence du mouvement altermondialiste ; elle remet en cause la capacité de l'universalisme européen à servir de modèle de développement mondial (voir Immanuel Wallerstein, *L'Universalisme européen : de la colonisation au droit d'ingérence*, Paris, Demopolis, 2008).

L'ACCÈS AUX SOINS

Dans la plupart des pays où œuvrent les organisations humanitaires, l'accès aux soins des populations les plus précaires, que ce soit en milieu rural ou urbain, est difficile ; le plus souvent, les personnes les plus pauvres sont incapables de contribuer, même modestement, aux coûts des examens et des soins. De nombreux pays en développement connaissent encore des taux très élevés d'habitat rural qui, en lien avec les flux migratoires, créent d'immenses bidonvilles en périphérie des grandes villes.

Dans les deux cas, les problèmes d'accès aux soins sont identiques : Comment subventionner et faire vivre un système d'offre de soins et de services pour les plus déshérités dans des pays où le gouvernement est souvent en cessation de paiement, soit à cause de ses faibles revenus, soit du fait de la corruption en vigueur ? Ces considérations ont amené les intervenants humanitaires à investir les problématiques d'économie de la santé, pour lesquelles, d'une manière générale, les facultés de médecine forment et préparent mal, et pour lesquelles il faut recourir à des compétences spécifiques, complémentaires des profils habituels des volontaires travaillant sur le terrain.

Pour poser simplement les problèmes et les alternatives qui s'offrent aux actions humanitaires, la question est : Comment faire fonctionner des microsystèmes locaux d'accès aux soins ? par des mécanismes de mutualisation des communautés ? par des sociétés d'assurances privées ? ou par des stratégies conduisant les gouvernements locaux à exercer leur rôle de puissance publique à l'égard de leurs populations les plus précaires, en amenant les ministères concernés à prendre en charge la gratuité des soins ?

Le débat est complexe, et la réalité s'impose par des données chiffrées : selon l'Organisation mondiale de la santé (OMS), on assiste partout à une baisse de la part du secteur public dans l'offre de soins ; en Asie, 80 % de cette offre est aujourd'hui assurée par le secteur privé et les ONG ; en Afrique, elle n'est plus que de 50 % (voir Axel Ross, directeur du partenariat et de la réforme des Nations unies pour l'OMS, colloque Handicap International, Lyon, 12 février 2008). Cette question centrale reste irrésolue, dépourvue de remèdes miracle mais riche d'expériences.

L'Initiative de Bamako : la couverture maladie des pauvres

En 1987, lors de la conférence organisée par l'OMS dans la capitale du Mali, fut lancée l'Initiative de Bamako, une stratégie destinée à financer les soins de base dans les pays en développement ; on invita tous les gouvernements et les acteurs de la solidarité internationale à s'engager dans la création de systèmes de soins et de services qui, d'une façon très modeste, mettaient à contribution les usagers pour payer leurs dépenses de santé et ainsi soutenir le budget de l'État. L'application de cette stratégie connut des réussites diverses selon l'état de développement des pays, de leurs finances publiques, du degré d'organisation communautaire et de l'implication des gouvernements.

Après quelques années de recul, le système commença à montrer ses limites, tenant en partie au fait que, dans une certaine mesure, il désengageait les États du financement de leur système de santé. Par ailleurs, il se heurta à un principe de réalité : dans les pays très pauvres, des contributions financières même dérisoires sont irréalistes au regard des revenus de la population ; face aux priorités de survie, les dépenses de santé occupent une place subalterne. Ces constats remirent donc en cause la stratégie du recouvrement des coûts, auxquels il fallait ajouter les problèmes de gestion des pharmacies villageoises et des structures de santé périphériques, la difficulté des circuits d'approvisionnement en médicaments dans des systèmes privés et les risques de corruption.

Aujourd'hui, sans qu'elle constitue pour autant une remise en cause générale de l'Initiative de Bamako, la gratuité des soins est de nouveau à l'ordre du jour ; l'aménagement de l'organisation du paiement des soins est testé, ainsi que son adaptation à la réalité économique d'une population ou d'un pays. Réaffirmer cette nécessité de gratuité pour les plus déshérités soulève une question : Qui doit assumer ces dépenses quand les États sont indigents ou au bord de la faillite ?

Pour permettre aux ministères de la Santé et aux gouvernements des pays concernés d'organiser, là où la situation l'exige, des stratégies de gratuité, deux sources de financement sont envisagées : la création d'un système local d'assurance privée, qui, résolument, signe la fin de la couverture maladie ; l'utilisation de l'aide publique au développement (voir le chap. 7, p. 104) afin de soutenir des systèmes locaux proposant la gratuité des soins.

La question reste ouverte. Différents pays servent de lieux d'expérimentation pour mener à bien cette nouvelle orientation appuyée par la Banque mondiale.

DES PRINCIPES ISSUS DE LA DIPLOMATIE EUROPÉENNE

Après la Seconde Guerre mondiale fut remis en cause le modèle traditionnel des relations entre États telles qu'elles ont été décrites par des auteurs comme Raymond Aron ; jusqu'alors, ces relations reposaient sur les interfaces entre deux États et faisaient entrer en jeu deux types de protagonistes : les diplomates et les militaires. Aux côtés de ces deux acteurs sont ensuite apparus de nombreux intervenants transnationaux et non étatiques : les entreprises, les syndicats, les médias, les groupes religieux, les groupes mafieux, les groupes extrémistes…

C'est dans cet ensemble hétérogène qu'émergea au début des années 1970 la génération des « sans frontières », une émergence rendue possible par l'effacement desdites frontières, par l'essor de l'aviation civile et par le développement des moyens d'information, mais également par l'ébranlement d'un certain modèle politique traditionnel. Héritiers des thèses de Tocqueville, les humanitaires français usèrent d'une stratégie qui favorisait l'apparition d'un nouvel acteur dans la transformation des relations internationales : l'opinion publique.

Pour un certain nombre de dirigeants, la place prise désormais par les ONG dans la diplomatie mondiale soulève des questions de légitimité et de responsabilité dans la résolution des problèmes politiques ; ils considèrent l'aide humanitaire comme une solution de remplacement destinée à éviter à tout prix le recours à une intervention militaire. Dans des conflits récents ou actuels, en Tchétchénie, en Somalie, dans la République démocratique du Congo, en Palestine ou au Soudan – au sud comme au Darfour –, les humanitaires ont parfois servi de cache-misère et de stratégie alternative à une diplomatie européenne hésitant à affirmer des positions claires.

Le regard d'Hubert Védrine

Ministre des Affaires étrangères sous le gouvernement Jospin (1997-2002), Hubert Védrine pointe l'ambivalence des ONG à l'égard de la diplomatie européenne : tandis qu'elles entendent bien, sur le plan politique, se démarquer des logiques des États, elles témoignent parfois d'une complémentarité de rôles qui, à juste titre, conduit des observateurs extérieurs à penser que leurs actions relèvent d'une décision concertée avec les gouvernements de leurs pays. Non désirée, cette fausse synergie contribue à entretenir la confusion entre les acteurs gouvernementaux et non gouvernementaux. Hubert Védrine porte sur cette diplomatie européenne un regard critique :

> *« Depuis 1945 et encore plus depuis 1989, les Européens croient vivre dans un monde poststratégique, posthistorique (postnational, même, pour les fédéralistes), un monde idéal, démocratique et pacifique, régi par des valeurs universelles, la norme, le droit, la sécurité collective, la prévention des conflits. D'une certaine*

manière, ils rêvent d'un monde peuplé d'Européens de l'Ouest. [...] En même temps – et de manière contradictoire –, ils jugent impératif, au nom d'un prosélytisme aussi ancien que la chrétienté (« Allez évangéliser toutes les nations... »), d'imposer leurs propres valeurs à tous les autres. Mais pas par la force ! Pour les Européens d'aujourd'hui, les discours, les conditionnalités, le chantage à l'aide, les remontrances, l'ingérence sont acceptables et légitimes. La guerre, les bombes, l'occupation militaire ne le sont pas. Ils ont la phobie du recours à la force, même légalement décidée » (Continuer l'Histoire, Paris, Fayard, 2007, p. 21-22).

LES ONG : DES OUTILS DE CONTRE-POUVOIR

En France, les ONG constituent des outils de contre-pouvoir qui entretiennent une relation ambiguë avec les gouvernants ; cependant, elles s'inscrivent dans un projet général de construction sociale. Sur le terrain international, les actions humanitaires véhiculent des logiques qui reflètent la société dont elles proviennent.

L'humanitaire contemporain obéit donc à une certaine vision de l'homme, une vision incarnée par Henry Dunant, témoin du carnage de la bataille de Solferino en 1859 et fondateur de la Croix-Rouge en 1863. Cette vision se veut indépendante de la nationalité, de l'ethnie et de la religion. Cette vision humaniste s'inspire du libéralisme politique du siècle des Lumières. Cette vision revendique l'existence de droits individuels et universels – des droits de l'homme qui, pour leurs détracteurs, se résument à un modèle empreint d'européocentrisme dont l'aide humanitaire représente un produit d'exportation.

Munis de cette carte de visite génétique, les Européens ont acquis, à l'égard des opinions publiques de leurs pays comme des populations des pays où ils interviennent, une dimension symbolique forte.

10

L'humanitaire et les médias : une dépendance croisée

L'alliance avec les médias est fondatrice de la dynamique contemporaine des associations humanitaires ; à l'origine, elle participe d'une volonté de soutenir l'action et, en cela, constitue une stratégie délibérée, complémentaire des aides et des soins. Les deux contre-pouvoirs s'entremêlent et se renforcent. Mais cette stratégie d'alliance possède ses limites : si les prises de parole médiatisées des intervenants humanitaires visent à interpeller, elles risquent également de provoquer l'expulsion d'une ONG. Avec le départ des équipes, c'est non seulement la fin du soutien médical, mais c'est également un témoin de la situation locale qui disparaît, laissant les populations dans la tourmente. L'équilibre entre « soigner » et « témoigner » reste donc un exercice périlleux ; il doit être pesé au cas par cas avant toute prise de parole intempestive.

Si le duo originel a été formé d'acteurs humanitaires occidentaux relayés par des médias occidentaux, cela n'est plus le cas aujourd'hui avec la fin du monopole en matière d'information ; les actions et les alliances éventuelles avec les gouvernements des pays d'origine font l'objet d'une retranscription mondiale. Le public accueille et interprète l'information par le biais de nouveaux canaux de communication, et le regard est propre à chaque pays. Instantanée et mondialisée, cette « information sans frontières » engendre des conséquences directes sur la sécurité des équipes humanitaires.

LA LOI DU TAPAGE MÉDIATIQUE

La relation entre les acteurs humanitaires et les médias a présidé à l'émergence, au début des années 1970, de la génération des « sans frontières » : non contents de déroger aux règles de la Croix-Rouge à laquelle ils s'opposaient sur la question du devoir de réserve, les volontaires de retour de la guerre du Biafra (voir le chap. 8, p. 110), suivis par leurs héritiers, firent des liens avec les médias une stratégie centrale.

Au tout début, c'est l'histoire d'une rencontre. À partir de 1968, le lieutenant-colonel Ojukwu, qui dirigeait la rébellion du Biafra, comprit très vite le parti qu'il pouvait tirer de la médiatisation de la situation catastrophique régnant dans le réduit biafrais : d'une manière régulière, depuis son télex, il diffusa des nouvelles alarmantes ; il rédigea et transmit à l'ONU un livre blanc ainsi que des photographies prises sur la zone de guerre.

Confrontés à cette nouvelle horreur, certains des jeunes médecins volontaires avaient encore en mémoire les images révoltantes des victimes des camps d'extermination nazis, doublées du silence intolérable qui avait entouré la Shoah pendant la Seconde Guerre mondiale ; ils décidèrent de témoigner au grand jour, érigeant le tapage médiatique en véritable loi. Publié dans *Le Nouvel Observateur* en 1970, l'appel de Bernard Kouchner traduisit cette rencontre.

Faire savoir, révéler ce qui se passait là-bas constituait une stratégie indispensable pour que les informations soient relayées dans l'opinion publique – à l'époque l'opinion publique occidentale – et contribuent à stimuler l'aide internationale en faveur de la cause biafraise.

Avant la montée en puissance des médias, avant l'augmentation de leurs capacités de transmission grâce à la télévision, les acteurs humanitaires présents sur le terrain étaient isolés, travaillant à des milliers de kilomètres des capitales occidentales ; aux côtés des populations locales, ils étaient les seuls spectateurs et les uniques détenteurs d'informations spécifiques sur la situation politique et sanitaire des pays d'intervention. Étant donné les moyens assez limités, au tout début des années 1970, en matière de transmission, eux seuls pouvaient témoigner à l'extérieur des événements qu'ils vivaient. Aujourd'hui, cette médiatisation est devenue usuelle.

LES ENJEUX DE L'INFORMATION

Mettre sur la place publique le sort de populations, c'est, en premier lieu, leur conférer une forme de protection en attirant sur elles l'attention des médias et, au-delà, celle de l'opinion publique. Mais à cette transmission de l'information s'ajoute un autre enjeu : celui d'obtenir l'arrêt des hostilités de la part des auteurs des violences et, au sein de la « communauté internationale », d'engager les mécanismes du droit qui permettent d'aboutir à la fin d'agissements dangereux pour les populations.

Constitutive de l'action humanitaire contemporaine, la communication médiatique répond à des objectifs multiples : faire sortir des situations de l'oubli et mettre les responsabilités en lumière ; accroître le volume de l'aide apportée aux populations ; parvenir à des résolutions qui entraînent l'interruption des hostilités et des exactions qui en sont souvent les conséquences ; mobiliser les citoyens pour infléchir les politiques et les diplomaties tant nationales qu'internationales.

Sur tous les points de la planète

À l'heure de la mondialisation de l'information et des moyens de communication électroniques, une étincelle qui jaillit quelque part sur le globe est aussitôt relayée par Internet. L'information circule à vitesse quasi instantanée dans tous les sens et sur tous les points de la planète, et son interprétation ne se résume plus au point de vue d'une partie de la population ; les visions qui sont transmises sont aujourd'hui multiples et complexes, autant que peut l'être l'entrelacement d'une société planétaire.

Cela a été le cas pour les événements récents survenus en Birmanie : pour la première fois dans ce pays dirigé par l'une des dictatures les plus obscures et les plus anciennes du monde, la violence perpétrée à l'égard des manifestants, à l'automne 2007, a été immédiatement relayée par l'ensemble des médias internationaux. De même, la répression chinoise qui s'est écrasée sur Lhassa, la capitale du Tibet, en mars 2008, s'est vue retranscrite dans tous les médias avant que les autorités de Pékin bouclent les frontières de cette région autonome et en chassent les étrangers.

LA FIN DU MONOPOLE OCCIDENTAL

Aujourd'hui, les médias occidentaux ne sont plus seuls à décider de « ce qui fait » l'actualité internationale : voilà l'un des changements majeurs de l'époque actuelle. La naissance de chaînes de télévision telles qu'Al Jazeera et Al Arabiya, ainsi que les communications par Internet permettent à tous les groupes impliqués dans les conflits mondiaux de bénéficier d'une extraordinaire caisse de résonance.

Les chaînes Al Jazeera et Al Arabiya

Établie à Doha, dans le golfe Arabo-Persique, Al Jazeera a été créée en 1996 à l'initiative des autorités du Qatar ; si elle constitue aujourd'hui une référence dans le monde arabe, elle a également acquis une audience mondiale. Elle est une des rares chaînes de télévision qui dispose encore d'équipes en Irak. Son site a été mis en place en 1998, et celle qu'on surnomme la « CNN arabe » a commencé à émettre en anglais à partir de 2006.

La chaîne Al Arabiya a été lancée en 2003 à Dubaï par le groupe saoudien MBC (Middle East Broadcasting Center), et son site existe depuis 2007. À ce jour, elle bénéficie d'une audience bien moindre que celle de sa sœur aînée ; elle témoigne toutefois de la volonté des pays arabes de rivaliser avec les grands médias occidentaux dans le traitement de l'actualité nationale et internationale.

Sur fond d'alliances politiques, les deux chaînes se livrent une concurrence serrée. Ainsi, en juillet 2006, pendant la guerre qui opposa Israël et le Hezbollah, l'Arabie saoudite, soutenue par les États-Unis, communiquait par Al Arabiya contre le « Parti de Dieu ».

En 2004, une stratégie visant à s'attaquer au quasi-monopole de l'information dans les pays arabes conduisit le gouvernement américain à créer la chaîne Al Hurra (« La libre ») qui, depuis les États-Unis, émet en langue arabe.
C'est ce que traduit le philosophe et écrivain Régis Debray :

> *« Nous sommes tous borgnes au royaume de l'image. Dans l'hécatombe lointaine, il y a désormais le cadavre bon pour la caméra et le dommage collatéral bon pour les statistiques. CNN fait le champ ; Aljazeera le contre-champ. « Il ne faut pas voir la réalité telle que je suis. » Pour qui entend suivre le bon conseil d'Eluard, l'aller-retour entre les deux chaînes est recommandé » (Un candide en Terre sainte,* p. 231-232*).*

Nous sommes loin de la guerre des Six Jours, en 1967, quand l'information internationale fut relayée sans l'intervention des grands médias arabes. De ce constat naquit la décision des pays arabes de se doter d'une agence de presse d'envergure : il fallut attendre neuf ans pour voir la création d'Arabsat, organisation arabe de communication par satellite, et dix-huit ans pour que le premier satellite soit lancé à son profit (voir le colloque international « Nouveaux médias dans le monde arabe : des télévisions satellitaires à Internet », Lyon, 8-9 février 2008).

Les violences survenues dans les banlieues françaises à l'automne 2005 et le malaise qu'elles traduisaient ont été largement couverts par ces chaînes arabes, qui possèdent un réseau de correspondants et d'antennes locales dans de nombreux pays – dont un bureau à Paris pour Al Jazeera ; de plus, les importants moyens financiers et techniques dont dispose la chaîne lui permettent de mobiliser massivement des équipes sur le terrain : tout cela a fait d'Al Jazeera une référence mondiale, diffusant des reportages qu'elle est parfois la seule à réaliser.

La guerre de l'information

Sur le plan local, l'information peut être manipulée au gré des positions dogmatiques de certains groupes politiques ou combattants qui, à l'instar de ce qui se passe dans les médias occidentaux, peuvent en donner une lecture partielle ou partisane.

Aujourd'hui, ce n'est pas tant ce qu'on dit qui a valeur d'information ou d'interpellation, mais qui le dit, d'où il le dit et comment il le dit. La mondialisation de la communication conduit à l'émergence d'un nouveau type de confrontation : la guerre de l'information. Le développement des nouvelles technologies a favorisé un rééquilibrage relatif entre les forces en présence.

UN EFFET PAPILLON

La mondialisation de l'information risque parfois de se retourner contre les acteurs humanitaires : une prise de position à Kaboul peut être répétée et interprétée, voire manipulée à Bagdad ; l'affichage auprès des militaires en Indonésie peut être relayé au Moyen-Orient. Alors que les communications visaient jusqu'alors à attirer l'attention sur une situation localisée, l'usage qui en est fait de nos jours peut porter préjudice à l'autre bout du monde.

Avec une ampleur et des conséquences inattendues, l'affaire des caricatures de Mahomet illustra à la fois l'extraordinaire vitesse de diffusion de l'information, le caractère mondialisé de sa circulation et les risques d'instrumentalisation des associations humanitaires (je reprends ici des thèmes abordés dans mon article, « Comment l'affaire des caricatures interpelle les ONG », *L'Humanité*, 11 mars 2006).

Au début du mois de février 2006, un débat surgit en Europe autour de la publication par un journal danois de caricatures du prophète Mahomet ; sous la pression, les ONG scandinaves réduisirent leurs effectifs et se préparèrent à évacuer leurs personnels au Darfour, une région du Soudan située à des milliers de kilomètres…

La question religieuse constitua ici un vecteur puissant d'un effet papillon : un battement d'aile provoqué par des dessins figurant dans un journal européen entraîna en cascade une crise d'une dimension internationale, fit naître des inquiétudes majeures qui divisèrent la classe politique et crispa – d'une manière plus ou moins spontanée – la communauté musulmane mondiale. Une fois encore, ces événements montrent combien les associations humanitaires peinent, aujourd'hui, à se situer hors des grandes lignes de fracture de la politique internationale et à échapper aux manipulations de toutes sortes.

ENTRE « SOIGNER » ET « TÉMOIGNER »

La stratégie originelle des acteurs humanitaires occidentaux, qui consistait à alerter l'opinion publique internationale – en réalité réduite à celle de l'Occident – par des médias également occidentaux, a vécu. Aujourd'hui, l'enjeu réside dans la spécificité, la qualité, l'usage et l'interprétation des informations que les ONG peuvent délivrer sur le sort des populations locales.

À la communication d'interpellation s'est substituée la communication dotée d'un contenu sanitaire précis, que les équipes sur le terrain sont encore, dans un certain nombre de cas, les seules à détenir. Les humanitaires sont confrontés à un contexte nouveau : leur stratégie vise non plus à informer sur des événements qui, en général, sont déjà connus des médias et de l'opinion publique, mais à rendre compte des atteintes portées à la santé physique ou psychologique des populations.

Dans leurs prises de parole, les humanitaires doivent assumer l'équilibre précaire entre le « soigner », qui privilégie l'aide effective, et le « témoigner », qui rend compte des données sanitaires, qualifie l'agresseur et dénonce les mécanismes qui génèrent la violence faite aux civils. Les témoignages risquent de se solder par une expulsion ou des exactions à l'égard des équipes. Chaque action de communication médiatisée est donc pesée pour évaluer ses effets ; un témoignage effectué dans un pays donné peut être lourd de conséquences pour une équipe travaillant ailleurs.

Au-delà de ces précautions, le pilotage à distance devient parfois la seule forme viable et efficace de soutien aux populations ; la mobilisation repose alors sur les partenaires et les réseaux locaux. Ce type d'intervention est de plus en plus courant, car il est difficile d'admettre que le départ physique des humanitaires entraîne l'abandon des populations, souvent prises en otages.

UNE « FORTE ADDICTION RÉCIPROQUE »

Pour Michel Doucin, les ONG et les médias dépendent l'un de l'autre et participent à une construction quelque peu artificielle :

> « *Et, finalement, le rapport qu'entretiennent les ONG avec la presse relève de la parthénogenèse, les deux types de partenai-*

res construisent ensemble leur contre-pouvoir politique... [...] Peut être avancée l'idée dérangeante qu'est ONG ce que la presse nomme comme telle et que l'opinion accepte, ayant chaussé ses lunettes, de considérer sous ce jour... [...] D'où une relation si forte que l'on peut y voir les signes d'une forte addiction réciproque » (Les ONG : le contre-pouvoir ?, p. 219).

Les humanitaires ont besoin des médias. Tous deux se reconnaissent mutuellement comme les acteurs de l'interpellation, qui fait de l'opinion publique un témoin et une force de pression dans les relations internationales – et qui constitue le véritable changement induit par la médiatisation de la guerre du Biafra. Au sein de la sphère politique, l'influence de cette alliance est de poids : dans leurs décisions de politique étrangère, les dirigeants doivent désormais compter avec leurs concitoyens.

Les médias ont besoin des humanitaires. Par leur proximité avec les réalités, les ONG détiennent des informations et des témoignages essentiels ; d'une manière plus prosaïque, elles facilitent le travail des journalistes en les faisant profiter, sur des terrains isolés et déshérités, de leur logistique en matière de transport, d'hébergement et de communication satellitaire.

11

La puissance symbolique et son envers

Les acteurs humanitaires et ceux qui œuvrent à leurs côtés bénéficient, dans l'opinion publique des pays industrialisés, d'une image globalement positive ainsi que d'un capital de sympathie. On attend beaucoup de ces nouveaux héros des Temps modernes : qu'ils s'engagent à la place des spectateurs, qu'ils leur épargnent la confrontation avec la détresse humaine et, surtout, qu'ils ne trébuchent pas. Car tout dérapage et tout scandale financier risqueraient d'ébranler la confiance mise en eux et de créer la suspicion.

LES HÉROS DES TEMPS MODERNES

Le poids symbolique des associations humanitaires est, en terme de capacité d'action, sans commune mesure avec leur poids financier ; rapportés à l'échelle des besoins de la planète, les budgets gérés par les principales ONG françaises semblent bien faibles : le budget annuel de Médecins sans frontières-France, la plus grande ONG française dans le domaine médical, est de 120 millions d'euros – c'est-à-dire celui du centre hospitalier de Béziers, la sous-préfecture du département de l'Hérault… ; et il est deux fois plus important que celui de Médecins du monde ! À titre de comparaison, selon le prix Nobel d'économie Joseph E. Stiglitz, en 2008 l'occupation de l'Irak coûte aux États-Unis 12 milliards de dollars par mois – sans compter les dépenses liées au rapatriement des soldats blessés et handicapés.

C'est dire l'humilité qui doit être celle des ONG, même si leur efficacité ne peut être estimée à l'aune de leurs seuls volumes financiers ; c'est dire également combien leurs interventions et leurs résultats sont reconnus et valorisés au regard des moyens mis en œuvre ; c'est dire enfin l'intérêt stratégique à mener des actions de communication, qui constituent, lors des crises majeures, une façon non seulement d'alarmer mais également d'accroître l'aide apportée.

L'image positive que l'opinion publique et les donateurs ont des ONG ne doit pas être écornée, sous peine d'ébranler la confiance qu'ils ont placée en elles ; la fragilité tient au fait que toute affaire, tout scandale remettant en cause un objet qui, par sa dimension symbolique, participe de la construction du « mythe humanitaire », déstabilise avec la même puissance l'ensemble de l'édifice. La cuirasse des héros des Temps modernes que sont les acteurs humanitaires ne doit souffrir d'aucun défaut – au risque de neutraliser les mécanismes psychologiques de la compassion.

LA « COMPASSION TÉLÉVISUELLE »

La dimension symbolique est alimentée et renforcée par la relation particulière qu'entretiennent les ONG avec les médias et, à travers eux, avec le grand public : c'est grâce aux médias et à la force des images télévisuelles que les spectateurs entrent dans un processus selon lequel ils délèguent aux humanitaires leur propre attitude compassionnelle. Cette relation, qui soutient la création du mythe humanitaire, contribue également au mécanisme psychologique de défense des spectateurs, confrontés à la détresse humaine, voire à l'horreur. À l'instar du transfert, le don participe d'un processus d'identification des opinions publiques occidentales. Parce que l'humanitaire est aussi une affaire d'émotion, certains abus peuvent advenir dans les modes de communication choisis.

Pour le grand reporter Olivier Weber, la relation entre les ONG et les médias traduit la « surenchère du voyeurisme ». Par leur relation aux donateurs, elle rend les associations dépendantes de l'émotion et du caractère fugace de la compassion télévisuelle :

> « *Le malheur des autres est d'autant plus insupportable qu'il nous renvoie à notre condition d'homme spectateur, donc passif. Une empathie se crée immédiatement en raison de cette proximité avec la victime par l'image. Je donne pour empêcher ma souffrance. C'est le zapping de la charité, le don en libre-service. Mais l'empathie est provisoire car deux mouvements s'opposent : l'intensité et l'accoutumance...* » (« Le protocole compassionnel », postface à *Critique de la raison humanitaire,* Paris, Le Cavalier bleu, 2006, p. 137-138).

L'auteur poursuit :

> « *Cette compassion télévisuelle est si intense qu'elle a valeur d'action en elle-même et dispense de la charité [...]. C'est l'innocence du citoyen postmoderne, transformé, autotransformé en representant du héros à l'œuvre. L'émotion à elle seule a valeur d'engagement [...], l'humanitaire a une fonction de remplacement du mythe, dans des sociétés démocratiques qui ont évacué la légende [...]. Ce transfert qui accompagne les actes de charité, fruit d'une fétichisation de l'action caritative et de son idéalisation, correspond en fait à un impérialisme symbolique, objet d'une lutte*

> *féroce d'influence entre domaine privé et domaine étatique du champ humanitaire » (p. 139-143).*

Ainsi, une tribune publiée par le député Pierre Lellouche débutait par l'affirmation suivante :

> *« Plus d'un mois après le cyclone Nargis qui a ravagé la Birmanie, la communauté internationale est toujours interdite de séjour dans ce pays. Alors que 150 000 personnes sont mortes, que des dizaines de milliers de blessés restent sans soins, que des centaines de milliers de personnes ont tout perdu, n'ont ni nourriture ni médicaments, la junte birmane continue d'interdire aux États voisins, comme aux puissances occidentales, de même qu'aux organisations humanitaires, tout accès dans le pays, sous prétexte que les Occidentaux chercheraient à envahir le pays et à s'emparer de ses ressources pétrolières »* (« Scandale birman : plus jamais ça ! », *Le Monde*, 24 juin 2008).

Quelques jours auparavant, Médecins du monde reçut le rapport de sa coordinatrice médicale, Myriam Pomarel, qui décrivait les activités mises en œuvre par l'association sur le terrain et pilotées par des « officiers de liaison » birmans. Ce rapport décrivait la montée en puissance de la reconstruction et des réhabilitations menées par la population locale avec le soutien de la Croix-Rouge birmane et l'intervention d'une dizaine d'ONG internationales, parmi lesquelles World Vision International, Population Services International, Save the Children, Action contre la faim, Médecins sans frontières-Suisse, la Fédération internationale des sociétés de la Croix-Rouge et du Croissant-Rouge et German Agro Action.

Pour interpeller l'opinion d'une manière efficace, il est préférable de témoigner juste.

LA CONCURRENCE AVEC LES « INTELLECTUELS MÉDIATIQUES »

L'opinion publique possède d'autres héros, en particulier ceux qu'on a dénommés les « intellectuels médiatiques ». Profitant de la force symbolique issue de leur propre légitimité, certains d'entre eux investissent, sans connaissances réelles, le domaine humanitaire et défendent des positions personnelles, nées d'un jugement le plus souvent déconnecté des réalités concrètes ; leurs avis divergent parfois grandement de celles des acteurs humanitaires sur le terrain. C'est alors parole contre parole, symbole contre symbole, légitimité contre légitimité, allant jusqu'à la neutralisation, le tout sous le regard attentif de médias prompts à relayer des conflits d'opinions.

S'exprimant dans une tribune à propos de l'affaire de l'Arche de Zoé, Régis Debray les renvoya dos à dos :

> *« Telle la barque de l'amour sur la vie quotidienne, le vaisseau amiral d'Occident s'est brisé par mégarde sur les récifs du Tigre et de l'Euphrate. Il arrive en effet que le réel résiste au conte de fées. Puisque nous recueillons sur nos côtes les naufragés de cette nostalgie pour de nouvelles aventures conjointes, en Perse ou ailleurs, le principe de précaution exige que l'on puisse le reconnaître de loin : un Juste peu judicieux, qui préfère la morale au droit international, l'émotion aux atlas, le 20 heures aux livres d'histoire, et l'image de soi à la réalité des autres »* (« Zoé et Zorro, le néo bon et le néo-con », *Le Monde*, 24 novembre 2007).

POSITIF ICI, NÉGATIF LÀ-BAS

Transposée dans d'autres contextes, dans d'autres pays et dans d'autres systèmes de valeurs, la force symbolique attachée à l'action humanitaire persiste, mais ne joue pas toujours en sa faveur ; en témoignent notamment des aspects qui, s'ils pourraient sembler insignifiants, ont acquis aujourd'hui, avec l'émergence d'une sensibilité accrue aux questions identitaires, une importance majeure.

Ainsi en est-il de toute référence à la symbolique de la croix sur les emblèmes des diverses institutions et ONG ; d'ailleurs, c'est du fait de cette symbolique chrétienne que la Croix-Rouge dut accepter, dans certains pays, l'utilisation d'un croissant rouge ; et c'est cette même symbolique qui fit dire à mes interlocuteurs algériens, lors d'un récent voyage dans leur pays, que, décidément, les ailes de la colombe de Médecins du monde évoquaient d'une manière à peine dissimulée une croix… – un signe des temps actuels.

Cette dimension symbolique, telle qu'elle est valorisée par l'opinion publique occidentale, peut donc être perçue, sur le terrain, d'une façon radicalement différente par les populations locales, voire par les groupes armés, partie prenante d'un conflit. Dotées, ici, d'une charge positive, la présence et les actions humanitaires peuvent s'avérer, là-bas, négatives, précisément parce qu'elles sont imprégnées de cette dimension symbolique, parce qu'elles font apparaître les ONG comme les champions d'une civilisation exportant ses valeurs, des valeurs ou des règles de conduite qui ne sont pas celles des pays d'intervention – quand il ne leur est pas purement et simplement reproché de contribuer, sous diverses formes, à des prosélytismes culturels ou religieux. En matière de perception, le télescopage du « ici » et du « là-bas » risque donc d'alimenter les conditions du rejet de l'Occident.

L'opinion publique française considère l'action humanitaire comme une démarche humaniste, altruiste et efficace, un moyen idéal pour transmettre et partager ce qui fait sa fierté : sa culture et ses valeurs. L'action humanitaire traduit un haut niveau de développement scientifique et technique, participant d'une forme de rayonnement mondial au profit de populations en sous-développement ou victimes de catastrophes. Dès lors, comment concevoir que ces dernières puissent accueillir les aides autrement qu'avec respect et reconnaissance ?...

LE RAPPORT À L'ARGENT

Aux associations humanitaires sont attribuées des qualités telles que la compétence, l'efficacité, le dévouement et le désintéressement, autant de qualités qui ne doivent souffrir d'aucun doute. L'opinion publique attend de ces institutions qu'elles soient irréprochables, à la fois dans les résultats de leurs interventions et dans leur transparence fonctionnelle, éthique et financière.

Les organismes d'agrément

Des procédures de contrôle ont été mises en place pour s'assurer de la bonne gestion des ONG, c'est-à-dire du bon usage qu'elles font de l'argent des donateurs : de nombreuses validations sont effectuées par les commissaires aux comptes, des audits épisodiques par la Cour des comptes et des vérifications aléatoires par les donateurs institutionnels tels que l'Union européenne, auxquels s'ajoutent des démarches facultatives telles que l'adhésion au Comité de la Charte du don en confiance, un organisme d'agrément et de contrôle des associations et des fondations faisant appel à la générosité du public.

Par ailleurs, Médecins du monde a souhaité se doter d'une instance qui représente ses donateurs : composé d'une dizaine de personnes qui, pour la plupart, possèdent certaines responsabilités dans la vie professionnelle, ce comité des donateurs suit l'ensemble des réunions – réunions du conseil d'administration, réunions spécifiques de stratégie financière et assemblées générales. Ayant une voix consultative dans ces instances, les membres de ce comité effectuent, à leur gré, plusieurs visites annuelles sur des projets menés en France ou à l'étranger.

Des contrôles renforcés

En 1988, le scandale qui secoua l'Association pour la recherche sur le cancer (ARC), du fait de l'enrichissement personnel de son président, fut un cataclysme pour le mouvement associatif. S'il entacha transitoirement la confiance des donateurs, il fut, par contrecoup, à l'origine du renforcement des contrôles financiers. La gestion de l'ARC est aujourd'hui estimée irréprochable, ce phénomène a été en partie réactivé par l'affaire de l'Arche de Zoé (voir le chap. 2).

Des voix provocatrices se sont élevées pour vilipender ce qu'elles présentent comme les mauvaises pratiques systématiques des associations humanitaires ; certaines d'entre elles ont fait de ces attaques en règle leur fonds de commerce, ce qui leur vaut d'être régulièrement invitées par les médias dès qu'un plateau recherche un bretteur pour un débat contradictoire sur le sujet. D'autres personnes souhaitent la mise en place d'une certification de toutes les associations et la création d'une instance indépendante afin de remplacer le Comité de la Charte, dont le conseil d'administration est constitué de représentants d'associations, dès lors considérés comme juges et parties.

« La Corrèze avant le Zambèze »

Aujourd'hui, un juste équilibre est à trouver entre un contrôle de gestion préservant la transparence et les bonnes pratiques – qui, de mon point de vue, existent déjà – et le surcroît de coût que cela induirait pour l'ensemble des structures. Multiplier les procédures, c'est alourdir le fonctionnement administratif des associations, c'est les contraindre à acquérir les ressources et les compétences nécessaires pour rendre davantage de bilans et de rapports financiers au détriment d'une souplesse de budgets – rappelons qu'ils sont modestes à l'échelle des besoins du monde. Signalons également que le projet de certification correspond à un marché potentiel très rentable.

Cette propension à accroître les contrôles des ONG est un signe supplémentaire du repli sur soi de la société occidentale : parce qu'elle ne connaît plus de forte croissance, elle scrute désormais la façon dont les associations humanitaires utilisent leurs fonds – laissant supposer que les moyens mis au service d'une solidarité internationale le sont au détriment des détresses visibles à nos portes. Le vieux débat incarné par la formule « La Corrèze avant le Zambèze » – lancée par le journaliste Raymond Cartier dans le *Paris-Match* des années 1960, qui demandait de faire passer la métropole avant les colonies – se voit réactivé par la nouvelle situation économique française.

QUAND LES HÉROS DEVIENNENT DES SUSPECTS

Les associations humanitaires françaises sont les héritières d'un modèle complexe qui, dans ses rapports à l'État, n'est pas dénué d'ambivalence ; l'héritage de Tocqueville, quant à lui, a conduit à une forme organisée et citoyenne de contre-pouvoir (voir les chap. 7 et 9, p. 100 et 131). Elles sont non gouvernementales, mais promptes à rappeler aux dirigeants leurs devoirs régaliens ; elles ne sont pas antigouvernementales, tout au contraire, plutôt enclines à invoquer le droit et son respect, et parfois ses évolutions nécessaires pour s'adapter aux problèmes à résoudre.

Ce modèle est-il compatible avec les contextes rencontrés à l'étranger ? Peut-il se confronter à des environnements dont la complexité est fondée sur des logiques anthropologiques, historiques et économiques tout autres ? Et que faire quand l'histoire de la France se croise, par le biais de la colonisation, avec l'histoire d'un grand nombre de pays ?

En tant qu'outil de construction sociale, l'association régie par la loi de 1901 est donc un modèle que les ONG exportent ; dans des pays dont l'histoire, le cheminement ou l'organisation politique sont différents, ces concepts mêmes d'association ou d'ONG revêtent souvent un caractère proprement ésotérique.

Le flou, la défiance et l'amalgame

La rencontre peut tourner à la suspicion quand des populations se persuadent, faute d'éléments de compréhension, qu'une ONG ne peut être autre chose que le bras agissant de son pays d'origine. La confusion est d'autant plus facile que, à l'opposé de l'histoire du mouvement humanitaire français, un grand nombre d'ONG internationales, en particulier états-uniennes, tirent la majeure partie de leurs financements de fonds gouvernementaux, ce qui les transforme en prestataires de services.

Dès lors, comment serait-il possible de distinguer les coopérations bilatérales des gouvernements, la présence des institutions internationales et de leurs multiples agences spécialisées et les ONG internationales ? Et tandis que certaines d'entre elles revendiquent un caractère non gouvernemental, apolitique et areligieux, d'autres affichent leur appartenance confessionnelle ou leurs liens avec tel ou tel pays étranger.

Dans de tels contextes, comment ne régnerait-il pas l'incompréhension, le flou, la défiance ou l'amalgame ? Comment ne pas comprendre que, dans certaines situations, les interventions humanitaires puissent être interprétées d'une façon erronée ? Comment ne pas saisir le rejet global d'une présence extérieure parfois massive, dont l'origine, la nature et les mobiles prêtent à confusion ? Pour être décryptées, toutes ces différences nécessiteraient le recours à des anthropologues, ceux-là mêmes qui sont parfois consultés pour comprendre les modes de fonctionnement et les codes de valeurs des populations locales…

L'incompréhension

La confusion qui s'installe entre les diverses familles d'ONG présentes sur le terrain, la dimension non gouvernementale qui se dilue dans un ensemble illisible d'autres intervenants, dont la culture d'origine est presque exclusivement européenne… C'est l'Occident qui est remis en cause et non pas l'aide comme démarche de solidarité internationale ; ce rejet tient à la conjonction de ce que les humanitaires sont, donnent à voir et font dans un monde qui, depuis la création du mouvement des « sans frontières » à la fin des années 1960, a connu des mutations accélérées. Ce qui pose problème, c'est le télescopage du « hier » avec le « aujourd'hui », qui ne comprend pas cette réalité nouvelle.

12

Un lourd parfum d'Occident

Malgré leurs rapports avec les gouvernements, leurs sensibilités et leurs modèles différents, les ONG dégagent toutes, confusément, un parfum d'Occident, même si les fragrances en sont multiples.

La composition actuelle du Conseil de sécurité de l'Organisation des Nations unies, qui confère ou non leur caractère légal aux interventions militaires d'interposition et de pacification, ne fait que raffermir cette perception – et cette suspicion – d'une action d'essence avant tout occidentale.

La proximité des ONG avec des acteurs militaires ou des représentants de l'ONU renforce l'opinion de ceux qui les considèrent comme les participants d'une même alliance hégémonique et conquérante. Un tel affichage instaure de véritables liaisons dangereuses.

LA COMPOSITION DU CONSEIL DE SÉCURITÉ

Organe exécutif des Nations unies, le Conseil de sécurité est responsable du maintien de la paix et de la sécurité dans le monde : lors des guerres civiles et des conflits entre États, cette instance supranationale détient la responsabilité, le pouvoir et la légitimité de prendre des décisions au nom du concert des nations, en particulier pour mandater des forces d'interposition.

Les membres permanents et non permanents

Dès sa création en 1945, le Conseil de sécurité a été constitué de cinq membres permanents : les États-Unis, l'Union soviétique – remplacée en 1991 par la Fédération de Russie –, la Chine, le Royaume-Uni et la France. À ces membres s'ajoutent dix membres non permanents, qui ont un mandat de deux ans et sont renouvelés chaque année par moitié : l'Afrique du Sud, la Belgique, l'Indonésie, l'Italie et Panama ont été élus pour 2007-2008 ; le Burkina Faso, le Costa Rica, la Croatie, la Libye et le Viêt Nam ont été élus pour 2008-2009.

Cette composition correspond à une concentration de pouvoirs au sein des Nations unies qui, héritière directe des équilibres prévalant après la Seconde Guerre mondiale, ne reflète plus les réalités internationales actuelles. Tandis que l'Occident y est surreprésenté, certains pays tels que l'Allemagne, le Brésil, l'Égypte, l'Afrique du Sud, l'Inde et le Japon réclament d'intégrer le Conseil de sécurité en tant que membres permanents.

Contre la mainmise des grandes puissances

Du fait de la non-représentativité du Conseil de sécurité, ses recommandations ou ses résolutions sont parfois immédiatement remises en cause, surtout quand elles entraînent le déploiement de Casques bleus ; sur le terrain, les représentants de l'ONU deviennent souvent la cible des belligérants, qui interprètent leur présence comme la mainmise des « grandes puissances » et leur ingérence dans des guerres locales ou régionales.

Dans certains conflits qui se déroulent en Afrique, les autorités refusent l'entrée des troupes de l'ONU pour leur préférer celles de l'Union africaine (UA) – créée en 2000 et composée de cinquante-trois pays membres –, comme si les Nations unies étaient une instance partisane. De plus, des opérations militaires sont menées sous la bannière de l'OTAN (Organisation du Traité de l'Atlantique Nord), une organisation politique et militaire née, après la Seconde Guerre mondiale, des alliances contractées par certains belligérants occidentaux pour se défendre de la menace soviétique ; dans ce cas, la symbolique d'une intervention liée aux intérêts de l'Occident n'en est que plus forte. Sans oublier que les actions humanitaires mobilisent des ressources financières dont une partie – selon les situations et les ONG – provient de gouvernements ou d'instances intergouvernementales telles que l'Union européenne.

Des règles imposées mais bafouées

En 2005 et en 2008, les décisions du Conseil de sécurité d'envoyer des forces d'interposition contre des mouvements rebelles en Côte-d'Ivoire et au Tchad furent clairement interprétées comme une légitimation internationale de l'intervention française en son pré carré africain.

Dans d'autres circonstances, les grandes puissances n'hésitent pas à faire fi des règles qu'elles s'échinent pourtant à imposer, à l'occasion, aux autres États. Tel fut le cas en 2003, lors du déclenchement de l'invasion de l'Irak par les États-Unis et ses alliés, en particulier britanniques, qui n'avait pas reçu l'aval de l'ONU ; en effet, les autres membres permanents du Conseil de sécurité, la Russie, la Chine et la France, avaient menacé d'utiliser leur droit de veto. Le caractère illégal de cette intervention armée, en ce qu'elle violait la Charte de l'ONU, a contribué à affaiblir la légitimité des décisions du Conseil de sécurité.

LES LIAISONS DANGEREUSES

L'aspect dérangeant de ce parfum d'Occident tel qu'il est diffusé par les actions humanitaires se trouve renforcé par la prépondérance des Blancs et par la confusion générale des intervenants.

La présence étrangère est dominée par les Blancs : les militaires membres des forces d'occupation sont des Blancs, les humanitaires sont des Blancs, les sociétés militaires privées sont composées de Blancs – cent quatre-vingt mille soldats en Irak –, les représentants des Nations unies sur place, quand ils ne sont pas eux-mêmes occidentaux, sont mandatés par le Conseil de sécurité, dont les membres permanents, excepté la Chine, sont des Blancs…

Lors d'une crise, la mobilisation internationale entraîne la venue sur le terrain d'un certain nombre d'acteurs dont la vocation est de restaurer les conditions de la paix et de la sécurité. Trois grandes familles font alors leur entrée, quand elles n'étaient pas déjà présentes :

– des troupes étrangères ;
– les Nations unies via les représentants de leurs agences spécialisées ;
– les ONG humanitaires.

Si ces arrivées sont simultanées et si rien n'est mis en place pour distinguer le rôle de chacun, on conçoit que ces déploiements puissent être considérés comme répondant à une même cohérence ; en effet, tous ces mouvements résultent d'une décision supranationale émanant du Conseil de sécurité.

Comment s'y retrouver ?

Mettons-nous pendant quelques jours à la place des populations locales sur les lieux d'un conflit international, où sont présentes des forces d'interposition ou de pacification sous la bannière des Nations unies. Que voyons-nous ?

Nous constatons la présence d'intervenants avant tout composés d'Occidentaux, dont nous ne comprenons ni les logiques particulières ni les appartenances tribales, ni les liens ni les alliances qu'ils entretiennent entre eux.

Nous écoutons des humanitaires nous dire qu'ils n'ont rien de commun avec la plupart des autres acteurs, mais nous découvrons que tous n'agissent pas ainsi.

Nous observons des militaires qui livrent des combats et, en même temps, distribuent de l'aide.

Nous remarquons diverses agences des Nations unies, dotées de mandats spécifiques : la distribution alimentaire, la santé ou le développement.

Par ailleurs, on nous explique que l'autorité internationale dont dépendent ces agences est la même que celle qui décida de l'intervention militaire, une entité lointaine et indéfinissable qu'on appelle l'« Organisation des Nations unies ».

Un besoin mutuel

L'affichage des humanitaires aux côtés des Nations unies est source d'ambivalence.

D'un côté, la plupart des ONG ont besoin de la relation qu'elles entretiennent avec l'Organisation des Nations unies, car, sur le fond, seule l'ONU détient le pouvoir légal et les moyens véritables d'apporter des résolutions aux conflits et aux crises. Cette proximité sert le narcissisme des acteurs humanitaires. C'est ce que souligne David Rieff, essayiste politique et grand reporter :

> « *La plupart des ONG humanitaires semblent plus que désireuses d'abandonner leur indépendance pour pouvoir s'asseoir à la grande table en compagnie de responsables des grandes puissances et des Nations unies* » (cité par Philippe Ryfman, « Les ONG françaises : crises de la maturité et mutations », dans *Critique de la raison humanitaire*, p. 21).

De l'autre côté, les agences spécialisées de l'ONU, qui se voient confier par le Conseil de sécurité la responsabilité de rétablir la paix et d'apporter une aide d'urgence, ont besoin des ONG, de leur souplesse d'intervention, de leur mobilité et de leurs compétences spécifiques ; elles cherchent donc des « opérateurs » pour mettre en œuvre une partie de ces responsabilités.

De la part de l'ONU, cette stratégie de partenariat obéit également à la volonté de restaurer son image écornée et de faire oublier la lourdeur de sa machinerie ; toutefois, il existe une différence entre ce désir et son application concrète par le biais de ses agences spécialisées.

L'impartialité remise en cause

Les difficultés croissantes rencontrées par l'ONU – qui déploie plus de cent quarante mille civils dans cent quatre-vingts pays – amenèrent son responsable de la sécurité, David Veness, à démissionner le 24 juin 2008 ; cette démission intervint à la suite d'un rapport ayant jugé inadéquates les installations de protection des Nations unies à Alger avant l'attentat du 11 décembre 2007, revendiqué par Al-Qaida et au cours duquel dix-sept membres avaient péri.

Rédigé sous la direction de Lakhdar Brahimi, ce rapport engageait l'ONU à changer de culture en matière de sécurité, estimant qu'elle était devenue la cible de groupes extrémistes et « qu'une partie croissante de la population ne la perçoit plus comme étant neutre et impartiale » ; le même rapport insistait sur les tensions avec les pays musulmans, citant en particulier une enquête, réalisée par la chaîne de télévision Al Jazeera après l'attentat d'Alger, qui indiquait que 54 % des personnes interrogées estimaient que l'attaque du bâtiment des Nations unies était justifiée. Lakhdar Brahimi évoqua également la nécessité, pour le Conseil de sécurité, de prouver l'impartialité de ses décisions, en particulier au Proche-Orient (voir Philippe Bolopion, « L'ONU doit changer de culture sur sa propre sécurité », *Le Monde*, 26 juin 2008).

La réforme des Nations unies

Depuis quelques années, un processus de réforme des Nations unies vise à organiser et à simplifier les actions des ONG présentes sur le terrain : dans chaque domaine de compétence et d'aide – la construction, l'eau, l'alimentation, la santé… –, le schéma proposé aux ONG est un recours à l'une des agences onusiennes pour, dans un pays donné, piloter une plate-forme de coordination de l'ensemble des intervenants.

Si cette démarche obéit à des intentions louables d'efficacité et de réduction des coûts, deux dangers se profilent pour les ONG humanitaires : d'une part l'alourdissement et la technocratisation de leurs procédures, d'autre part une proximité plus grande encore avec les instances de l'ONU. Sur ce plan comme sur bien d'autres, les ONG américaines adoptent des positions assez différentes de leurs consœurs européennes, plus circonspectes en la matière.

L'armée vue par l'opinion publique

La perception du rôle tenu par les forces armées est, bien entendu, loin d'être la même selon qu'on se situe du côté de l'opinion publique d'un pays occidental ou de celle d'une zone de conflit.

Rédigé en 2007, un rapport du ministère de la Défense fait état des résultats d'un sondage réalisé depuis quinze ans à propos de la perception qu'ont les Français de leurs forces armées (délégation à l'Information et à la Communication de la défense [DICOD], *Les Français et la défense. Quinze ans de sondage, 1991-2006*, décembre 2007). Les résultats de 2006 révèlent les données suivantes :

– les cinq pays qui sont considérés comme constituant une menace pour la paix dans le monde sont, par ordre décroissant, l'Iran (pour 58 % des personnes interrogées), l'Irak (pour 47 %), l'Afghanistan (pour 29 %), les États-Unis (pour 28 %) et Israël (pour 22 %) ;

– à la question : « Quels sont les pays qui constituent une menace plus précisément pour la France et pour ses intérêts dans le monde ? », on

obtient les réponses suivantes : la Chine (31 %), les États-Unis (28 %), le couple Iran-Irak (24 %), l'Afghanistan (24 %) et le Japon (9 %). La problématique complexe du Moyen-Orient est donc, à l'égard de la paix, une préoccupation centrale de la population française, de même que la perception, tant sur le plan militaire qu'économique, de grandes puissances telles que la Chine et les États-Unis ;
– une autre série de questions touche à l'emploi de la force armée dans le cadre d'actions publiques, considérées comme légitimes. Parmi les résultats principaux, on constate que les personnes interrogées plébiscitent (à 97 %) la participation de l'armée à des opérations de secours organisées lors de catastrophes et au profit de la population française ;
– en ce qui concerne les projections des forces armées hors de France, 91 % des personnes sondées sont favorables à une contribution de l'armée française à des « actions humanitaires », et 85 % d'entre elles approuvent sa participation, dans le cadre des Nations unies, à des opérations militaires ou de protection. Ces derniers résultats montrent qu'il n'existe aucune objection majeure à voir des militaires sortir du cadre de leur mandat, en particulier pour porter secours dans notre pays ou à l'étranger ; d'une manière générale, les Français interrogés considèrent donc la contribution de l'armée à ce type d'opérations comme une modalité d'intervention souhaitable.

S'il en était encore besoin, les résultats de cette étude menée par le ministère de la Défense soulignent la confusion qui, dans la population, existe entre l'humanitaire non gouvernemental et un « humanitaire » investi par l'armée.

POUR UNE ANTHROPOLOGIE DES HUMANITAIRES

Dans le contexte international, les positions et les comportements des ONG doivent, dans la mesure du possible, les protéger de tout risque de brouillage. D'où la nécessité d'une anthropologie des humanitaires.

Sur le terrain, les nécessités de coordination et de sécurité amènent les ONG à entrer en contact avec tous les intervenants.

En pratique, les réunions et les échanges sont fréquents entre les associations humanitaires et les agences de l'ONU spécialisées dans ce domaine : le Haut Commissariat des réfugiés (HCR), le Bureau pour la coordination de l'aide humanitaire (OCHA), le Programme des Nations unies pour le développement (PNUD), le Programme alimentaire mondial (PAM)...

À ces agences s'ajoutent les coopérations gouvernementales des pays qui décident d'apporter un soutien – les coopérations française, belge, italienne... Selon les circonstances, les dirigeants étrangers mettent à disposition des équipes soignantes issues de leurs forces armées nationales, car elles sont expérimentées dans la prise en charge des pathologies liées aux conflits ou aux catastrophes.

Les Croix-Rouge nationales se mobilisent également lors d'une urgence internationale ; ces organismes parapublics dépendent des autorités de leur pays d'origine.

La Croix-Rouge internationale intervient à son tour par le biais de ses deux représentants : le Comité international de la Croix-Rouge (CICR) et la Fédération internationale de la Croix-Rouge et du Croissant-Rouge (FICR).

À ces interventions humanitaires s'adjoignent les actions menées par les forces armées qui, prenant la forme de produits et de services de première nécessité offerts aux populations, apportent des stratégies complémentaires pour « pacifier » une zone de guerre.

Chercheur au Centre interdisciplinaire de recherches sur la paix et d'études stratégiques (CIRPES), Sami Makki prend l'exemple des Équipes provinciales de reconstruction :

« Ainsi, en Afghanistan, des membres des forces spéciales américaines et des « Provincial Reconstruction Teams » (PRT), petites

équipes de sécurité composées de civils et de militaires et menant des activités de reconstruction, ont régulièrement instrumentalisé les symboles de l'action humanitaire, sans pour autant protéger les personnels humanitaires, alors même que les PRT sont officiellement en charge de la sécurité. Pour le responsable militaire américain du centre de coordination civilomilitaire de la coalition, l'importance du travail technique effectué par les PRT, notamment le nombre d'infrastructures et de bâtiments reconstruits, montre qu'ONG et forces de la coalition ont exactement les mêmes objectifs : dans cette logique, évidemment, l'existence d'un espace humanitaire indépendant et neutre n'est plus envisageable » (« Les ONG anglo-saxonnes, entre lutte globale contre le terrorisme et dynamiques néolibérales », dans *Critique de la raison humanitaire*, p. 87).

Ces ambiguïtés sont renforcées par les pratiques des organisations à l'égard de leurs gouvernements ; en octobre 2001, l'ancien secrétaire d'État américain Colin Powell déclarait que les ONG américaines constituaient un « véritable multiplicateur de forces », des « agents de la politique étrangère américaine » et des « instruments de combat contre le terrorisme »… Malgré leur histoire et leurs positions, et malgré l'appellation même d'ONG, les associations humanitaires peinent donc à faire reconnaître leur neutralité et leur indépendance (j'ai abordé ces questions dans un article, « Les humanitaires victimes des logiques d'État », *Le Monde diplomatique*, juin 2007).

LA CONFUSION, SOURCE DE VIOLENCE

Certaines actions dirigées contre les humanitaires proviennent des ambiguïtés existant entre les divers intervenants. Le 19 août 2003, à Bagdad, vingt-sept personnels de l'ONU furent tués et quatre cent vingt-six personnes furent blessées : cet attentat, qui voulait anéantir ce regard extérieur et l'aide apportée sur le terrain, constituait aussi une frappe symbolique à la fois contre le caractère supranational des Nations unies et contre les résolutions du Conseil de sécurité ; cet acte traduisait le ressentiment d'une partie de la population irakienne à l'encontre d'une organisation qui, d'une manière rétrospective, avait conféré un caractère légal à l'intervention américaine ; enfin, il visait une instance assimilée par de nombreux Irakiens aux privations subies pendant les années d'embargo ainsi qu'aux mécanismes de la stratégie « pétrole contre nourriture » élaborée sous l'égide de l'ONU. Aujourd'hui, tout porte à croire que la mémoire collective irakienne concernant les actions et les positions des ONG a été remplacée par une opinion radicale : tout étranger est avant tout un envahisseur qui, d'une manière ou d'une autre, collabore aux logiques d'occupation des armées extérieures.

Le 27 octobre 2003, à Bagdad encore, le siège du Comité international de la Croix-Rouge (CICR) fut touché, tandis que le 22 juillet 2003, un employé du CICR avait été assassiné. En 2003, plus de trente acteurs humanitaires, en majorité afghans, furent tués en Afghanistan.

S'il est difficile d'obtenir des données précises sur le nombre de victimes par zone géographique, par type d'organisation et par année, on estime que plus de la moitié des décès de personnels humanitaires sont dus à des violences délibérées, les autres étant causés par des accidents ou des maladies (voir Elizabeth A. Rowley, Byron L. Crape et Gilbert M. Burnham, « Violence-Related Mortality and Morbidity of Humanitarian Workers », *American Journal of Disaster Medicine*, vol. 3, 1, janvier-février 2008, p. 39-45). À noter : parmi les victimes, aucune distinction n'est faite entre les acteurs humanitaires et les membres de l'ONU.

Par ailleurs, un rapport mentionne que quatre-vingt-trois acteurs humanitaires sont morts en 2006 dans des événements violents, un chiffre trois fois supérieur à celui des soldats tués lors des missions de l'ONU (voir Abby Stoddard, Adele Harmer and Katherine Haver, *Providing Aid in Insecure Environments : Trends in Policy and Operations*, Overseas Development Institute-Humanitarian Policy Group [ODI-HPG], Londres, septembre 2006). Pendant ces dix dernières années, plus de mille cent humanitaires ont perdu la vie au cours de plus de cinq cents attaques durant des opérations d'aide aux populations civiles. Selon le même rapport, les personnels nationaux représentent 80 % des victimes.

13

Bernard Kouchner, une paternité dangereuse

Le 18 mai 2007, dans un contexte international complexe et dangereux, Bernard Kouchner prit ses fonctions de ministre des Affaires étrangères et européennes. Mon propos n'est pas de porter un jugement sur l'homme ni sur ses choix individuels dans le cadre de la stratégie d'ouverture du président de la République Nicolas Sarkozy, mais de démontrer en quoi son parcours et l'alternance de ses responsabilités et de ses missions constituent autant d'éléments qui nourrissent la confusion et accroissent les dangers auxquels sont confrontés les volontaires des ONG françaises.

DE MÉDECINS SANS FRONTIÈRES À L'ONU

En France, l'action humanitaire a toujours été dotée d'une image extrêmement positive ; c'est elle qui est à l'origine de la grande popularité dont a bénéficié auprès de l'opinion publique l'actuel ministre des Affaires étrangères. Par ailleurs, depuis le début de son engagement, Bernard Kouchner témoigne d'un goût et d'un certain talent de communicant, ayant ainsi théorisé le tapage médiatique (voir le chap. 10, p. 134) ; ses collaborateurs au ministère de la Santé entendaient souvent l'une de ses formules favorites : « Mieux vaut un mauvais article que pas d'article du tout. »

Quand on évoque Bernard Kouchner, et malgré les diverses fonctions qu'il a occupées entre-temps, on pense avant tout au cofondateur de Médecins sans frontières en 1971 puis de Médecins du monde en 1980. Pourtant, il a assumé d'autres responsabilités, notamment celles de secrétaire d'État chargé de l'Action humanitaire de 1988 à 1992 et d'administrateur civil et haut représentant de l'Organisation des Nations unies pour le Kosovo de 1999 à 2001 – où tous les observateurs s'accordent à reconnaître que son énergie et sa volonté permirent de faire avancer la situation au sortir immédiat d'un conflit complexe, aux implications politiques, religieuses et ethniques.

Ces dernières missions prolongent son parcours, instaurant une sorte de continuité entre trois formes que peut revêtir la solidarité internationale : un humanitaire « privé » non gouvernemental, un humanitaire d'État et un humanitaire transnational, multilatéral et onusien.

LE MINISTRE, L'ARMÉE ET LES CORRIDORS HUMANITAIRES

Il restait à Bernard Kouchner un dernier domaine à investir pour couvrir le spectre humanitaire : celui des interventions civilomilitaires. Il a franchi le pas en devenant ministre des Affaires étrangères et en prônant, dès 2007, un déploiement au Soudan, depuis le Tchad voisin ; il proposa d'accompagner la venue des forces armées par la mise en place de corridors humanitaires qu'il chercha à déléguer aux grandes ONG françaises.

Par sa carrière, Bernard Kouchner possède une proximité instinctive avec les associations humanitaires, une proximité qui l'amène aujourd'hui à défendre l'idée d'une synergie entre la politique étrangère française et les ONG qui pourraient en constituer le prolongement. En cela, il rejoint les courants de pensée anglo-américains concernant les relations entre l'État et les ONG, dont témoigna notamment l'intervention d'Andrew Natsios, administrateur de l'Agence américaine pour le développement international (United States Agency for International Development, ou USAID), lors du forum InterAction en 2003 :

> « *Natsios insista sur le fait que les ONG et les entreprises privées intervenant dans ce domaine [l'humanitaire ndr] devaient se définir comme des bénéficiaires des fonds américains, et, de ce fait, soutenir plus étroitement la politique étrangère américaine. Si les ONG n'appliquaient pas ce principe plus souvent, Natsios menaça personnellement de retirer leurs contrats et de trouver de nouveaux partenaires. Les ONG et les entreprises, dit-il, « sont le bras du gouvernement américain » »* (James Darcy, « Protection ou influence ? La politique internationale et l'évolution du rôle des ONG », dans *Critique de la raison humanitaire*, p. 101).

Le 1er janvier 2008, un représentant de l'Agence américaine pour le développement international fut assassiné à Khartoum, au Soudan.

La nécessité de se démarquer

Dès sa prise de fonctions, plusieurs associations exprimèrent leur désir de se démarquer fortement de toute filiation avec le nouveau ministre, non par contestation de sa personne, mais parce que, pour un grand nombre d'entre elles, cette paternité risquait justement de s'avérer encombrante voire dangereuse : c'est l'amalgame entre les diverses catégories d'intervenants qui, de nos jours, est l'une des causes des violences dont sont victimes les équipes humanitaires.

La nomination de Bernard Kouchner valut à Médecins du monde des courriers véhéments de la part de ses donateurs, persuadés que le ministre allait, dans ce cadre nouveau, utiliser l'association pour le compte du gouvernement qu'il venait d'intégrer ; ils étaient convaincus qu'il y avait conservé depuis 1980 une place et des responsabilités importantes – alors qu'il avait renoncé à tout rôle depuis 1994, ainsi qu'à son statut de président d'honneur depuis 1996. Dans ses nombreuses prises de parole, Bernard Kouchner se réfère d'une manière régulière à l'ensemble de ses missions, en accordant la primauté à la dimension humanitaire de son parcours.

ENTRE DEVOIR D'INGÉRENCE ET DÉNI DE SOUVERAINETÉ

Bernard Kouchner est l'un des théoriciens du devoir d'ingérence. Aujourd'hui plus que jamais, la transformation de ce concept en dogme semble inopportune à une partie des humanitaires français, avant tout parce que l'ingérence est assortie du recours à des interventions armées ; cette stratégie doit rester une exception, une démarche ultime réservée aux situations dont le caractère dramatique est attesté. Une fois encore, la multiplication des déploiements militaires conduit à une lente assimilation entre les ONG humanitaires et les forces armées.

D'une manière résolue, le ministre des Affaires étrangères affirma sa position dans ce domaine :

> « *Il me semble que nous ne pouvons aujourd'hui ignorer les connivences profondes et les convergences nécessaires qui font des humanitaires et des militaires des partenaires potentiels dans bien des régions du monde. À l'origine de ces convergences, il y a de part et d'autres des évolutions fondamentales, qui tiennent autant à une évolution géostratégique globale qu'à une approche pragmatique dictée par des collaborations de plus en plus nombreuses et fécondes, en particulier hors de France* » (« Humanitaire et militaire », *Inflexions*, 5, janvier-mai 2007).

De nos jours, ce devoir d'ingérence est empreint d'une forme d'ethnocentrisme, d'un esprit de supériorité déconnecté des réalités internationales et inadapté aux évolutions du monde : c'est en son nom que les responsables de l'Arche de Zoé engagèrent leur projet au Tchad, dans les conditions et avec les résultats que l'on sait (voir le chap. 2).

Pour les associations humanitaires, se démarquer de Bernard Kouchner ministre des Affaires étrangères s'avère d'autant plus nécessaire que certaines de ses prises de parole, passées ou présentes, concernent le monde arabo-musulman et risquent de provoquer des dangers spécifiques. Ainsi exprima-t-il de positions ambiguës à l'égard de la guerre en Irak, lui qui se montra favorable à l'invasion américaine en 2003 – même s'il eut l'occasion de repréciser sa position, résumée par la formule suivante : « Ni la guerre ni Saddam. »

Le droit du plus fort ?

La politique occidentale témoigne d'une arrogance qui, dans certains contextes, semble passer totalement inaperçue : quand, en décembre 2007 et à quelques jours d'intervalle, se succèdent en Afghanistan – tel un territoire conquis – les visites du président de la République française, du chef du gouvernement italien puis du premier ministre australien, elles paraissent anodines ; en réalité, elles sont destinées à rencontrer les soldats des pays respectifs.

Comment les groupes armés afghans, luttant contre le pouvoir en place, ne s'irriteraient-ils pas de cette succession de visites qui, dans leur logique, constituent autant de dénis de souveraineté ? L'ingérence se résumerait-elle au droit du plus fort face aux États les plus petits ou les plus fragiles ? Et qu'en est-il de la Russie et de ses actions en Tchétchénie ? Et qu'en est-il de la politique chinoise à l'encontre du peuple tibétain en voie d'acculturation accélérée ? Défendue hier par le responsable humanitaire Bernard Kouchner, la thèse du devoir d'ingérence touche à des mécanismes que le ministre des Affaires étrangères qu'il est devenu aujourd'hui ne peut pas mettre en œuvre.

Par nature, les questions de souveraineté sont les plus sensibles au cours des discussions menées entre diplomates : à la suite de l'attentat revendiqué par Al-Qaida en Algérie en décembre 2007, l'ONU s'attira les foudres des partis au pouvoir pour avoir annoncé la constitution d'une commission d'enquête internationale ; la coalition gouvernementale dénonça l'« ingérence » des Nations unies.

Dans ce contexte, la tentation pourrait être grande, pour le ministre des Affaires étrangères, de déléguer ce devoir d'ingérence aux associations humanitaires ; ces dernières prendraient alors seules les risques d'un droit que Bernard Kouchner, à la tête de la diplomatie française, au sein du Conseil de sécurité de l'ONU et face aux instances de la politique étrangère européenne, n'est plus en mesure d'assumer.

14

Vers un nouvel équilibre

Si la remise en cause de l'intervention humanitaire occidentale tient en partie aux caractéristiques propres de ses acteurs, à ce qu'ils sont et à ce qu'ils donnent à voir sur le terrain, la perception nouvelle de leurs actions est également à relier aux évolutions profondes qui, en quarante années, ont bouleversé l'ordre mondial.

D'une manière générale, l'environnement contemporain n'obéit plus aux mêmes règles ni aux mêmes aspirations que celles qui prévalaient en 1968, lors de la guerre du Biafra et de l'apparition de la génération des « sans frontières ». Les équilibres nés de la Seconde Guerre mondiale sont obsolètes, de nouveaux géants économiques et industriels ont émergé et des événements majeurs sont venus bousculer les alliances qui, jusqu'à la chute du mur de Berlin en 1989, composaient un monde bipolaire.

Petits ou gros, David ou Goliath, jusqu'alors dominés ou non par l'Occident, tous les pays revendiquent désormais leurs particularismes mis sous le boisseau par les puissances coloniales, rejettent les modèles occidentaux et dénoncent la dissymétrie qui gouverne encore les relations internationales.

1973 : LE POUVOIR DE L'OR NOIR

Si 1971 fut l'année de la création de Médecins sans frontières, 1973 fut celle du premier choc pétrolier, qui contribua grandement à modifier les rapports de force.

Pour de nombreux pays, situés sur tous les continents et pas uniquement au Moyen-Orient, ce choc pétrolier affirma le pouvoir de l'or noir comme outil de pression politique, marquant le début de l'influence des membres de l'Organisation des pays exportateurs de pétrole (OPEP) – les pays du golfe Arabo-Persique, les pays africains tels que le Nigeria, le Venezuela pour l'Amérique latine, ainsi que l'URSS et les États-Unis qui, en tant que pays producteurs, s'en trouvèrent renforcés.

En parallèle, on assista au lent décollage économique de pays sortis de la colonisation tels que la Chine, l'Inde et le Brésil ; le Japon connut un redémarrage important, bientôt rejoint par les nouveaux dragons de l'Asie. Ces transformations aboutirent à des rééquilibrages et à la fin de la domination occidentale.

1989 : LA CHUTE DU MUR DE BERLIN

Avec l'extraordinaire événement symbolique que représenta la chute du mur de Berlin, une redistribution générale des puissances s'opéra ; plusieurs pays firent sauter la contention dans laquelle la logique de blocs entre l'Est et l'Ouest les avait maintenus – en témoignèrent notamment la fragmentation de la Yougoslavie et de l'ex-Union soviétique, et l'apparition de revendications ethniques dans des pays africains.

Des rivalités d'ordre économique, clanique, religieux et ethnique ébranlèrent alors les communautés nationales des pays dont la construction était issue de la Seconde Guerre mondiale ou de la décolonisation – l'Asie du Sud-Est, les républiques du Caucase du Nord, le Timor oriental, le Zaïre, le Soudan, le Rwanda… Les mouvements de recompositions ainsi que les luttes pour le pouvoir et pour la représentativité des diverses communautés et autres groupes sociaux firent voler en éclats les anciens rapports de force, bouleversant les équilibres.

Trafics de drogue et enlèvements d'étrangers

La fin de l'affrontement entre l'Est et l'Ouest remit en cause les soutiens financiers jadis garantis, dans les conflits internes, par les deux blocs. Dès lors, en Afghanistan, en Angola, en Somalie, en Birmanie ou en Colombie, les divers mouvements de rébellion armés recherchèrent de nouvelles ressources afin de poursuivre leur combat ; deux d'entre elles exercent une incidence croissante sur la sécurité des équipes humanitaires : la production et le trafic de drogue (voir le chap. 3, p. 72) ; l'enlèvement des étrangers.

Depuis la chute du mur de Berlin, une certaine forme de « discipline militaire » a disparu. De nos jours, les humanitaires évoluent au sein d'organisations sociales et communautaires en partie gangrenées par des protagonistes et des comportements mafieux, qui laissent peu de place aux négociations sur le terrain.

L'ÉMERGENCE DE NOUVEAUX GÉANTS

Les aéroports internationaux de Hong Kong, de Dubaï, de Londres ou de Nairobi offrent un témoignage concret du commerce international contemporain.

Il y a vingt ans, on y croisait avant tout des hommes d'affaires venant de l'Occident ; aujourd'hui, les porteurs d'attachés-case en costume-cravate n'ont plus le même profil : des Indiens, des Pakistanais, des Arabes et des ressortissants du continent asiatique s'y croisent, pressés, en rang serré. Superficielle, cette description n'en traduit pas moins une tendance profonde : le monde ne cesse de changer, et les acteurs qui font le monde ont changé de continent ou, du moins, ne sont plus uniquement occidentaux.

Nul doute que la nouvelle flambée de l'or noir, qui a fait atteindre au baril de pétrole son record historique de plus de 140 dollars en juin 2008, a encore modifié ces équilibres, à la fois en augmentant les revenus d'un certain nombre de pays producteurs tels que l'Iran, la Russie, le Venezuela et les pays du golfe Arabo-Persique, et en pénalisant ou en mettant en concurrence les gros consommateurs tels que l'Europe et la Chine.

Quand Mittal racheta Arcelor…

En 2006, l'opinion publique fut surprise de voir le groupe indien Mittal Steel acquérir l'entreprise Arcelor, l'un des fleurons de la sidérurgie française. En 2008, elle s'étonne encore de voir le groupe indien Tata acheter au géant américain Ford les prestigieuses et luxueuses marques automobiles anglaises Jaguar et Land Rover. On s'aperçoit que ce pays – qu'on croyait encore peuplé de va-nu-pieds – se lance dans la fabrication de voitures à bas prix et deviendra sans doute bientôt l'un des premiers producteurs automobiles au monde.

Estimée à vingt-cinq millions de personnes, la diaspora indienne réalise 9 % des investissements étrangers en Inde et permet chaque année de rapatrier 26 milliards de dollars ; au-delà de ce poids économique, elle joue un rôle décisif dans l'acquisition de compétences technologiques et dans les exportations de produits d'origine indienne. Elle soutient également les intérêts diplomatiques indiens, comme ce fut le cas en 2006 lors de la signature d'un accord sur le nucléaire civil avec les États-Unis.

Quand AS Watson racheta Marionnaud…

En 2005, on découvrit que la première chaîne française de parfumerie, Marionnaud, avait été rachetée par le groupe chinois AS Watson. En 2008, le fonds public chinois Safe entre au capital du groupe pétrolier Total avec une participation de 1,8 milliard d'euros ; en cette même année, le groupe chinois Hembly International acquiert la marque de sport italienne Sergio Tacchini.

Si toutes ces informations sont troublantes, elles paraissent cantonnées au simple rang d'anecdotes. Ce qu'infirme une analyse plus précise d'Hubert Védrine :

> « *En 2006, on dénombre déjà trente-neuf entreprises mondiales chinoises (Pékin souhaite en compter une cinquantaine d'ici à 2010), dix-neuf indiennes, des russes et des brésiliennes parmi les cinq cents premières, sans compter celles qui se développent en Afrique du Sud et au Mexique. Les pays émergents réalisent d'ores et déjà 15 % des fusions-acquisitions mondiales, et 37 % des investissements étrangers* » (*Continuer l'Histoire,* p. 50).

Dans la résolution des conflits internationaux, on évoque de plus en plus le rôle clé que joue la Chine, en Birmanie et en Corée du Nord, à l'égard de l'Iran ; et on remarque que sa sphère d'influence dépasse amplement son pré carré asiatique, comme l'illustre la situation du Soudan.

Partout, sur le terrain, les associations humanitaires constatent la réalité de cette nouvelle organisation du monde, une réalité qui ne fait encore que déclencher l'étonnement de l'opinion occidentale. À Madagascar, en Algérie, au Qatar et dans de nombreux pays, l'industrie du bâtiment est largement irriguée par des entreprises chinoises ; à l'aéroport de Khartoum a lieu un ballet incessant, lié au renouvellement des équipes qui travaillent dans la prospection et l'exploitation pétrolière dans le sud du Soudan, et qui sont constituées de cinquante mille expatriés chinois ; l'Angola est le premier pays d'Afrique pour la présence de Chinois : ils sont déjà trois cent mille, engagés dans l'exploitation du pétrole et du cuivre ; à terme, on parle d'une communauté d'un million de personnes.

Pour la seule année 2007, les touristes en provenance de Chine ont dépensé 80 millions d'euros dans les grands magasins et les boutiques hors taxes de Paris.

L'adoption en Chine : une politique d'émigration « choisie »

À titre d'exemple, les nouveaux critères d'autorisation d'adoption signalent à leur tour que le monde a changé. Devenue une grande puissance, la Chine entend désormais fixer à l'Occident des exigences à sa mesure : pour l'accueil de ses enfants orphelins ou abandonnés, elle n'accepte que les couples hétérosexuels mariés depuis plus de deux ans pour une première union et depuis plus de cinq ans pour un remariage ; les futurs parents doivent être âgés de trente ans au moins et de cinquante ans au plus, un âge limite repoussé à cinquante-cinq ans pour les couples prêts à adopter des enfants porteurs de pathologies curables ; les familles ne doivent pas comporter au préalable plus de quatre enfants ; le niveau d'éducation des parents doit être égal ou supérieur au baccalauréat ; les revenus annuels d'un couple sans enfant doivent dépasser 30 000 dollars, avec 10 000 dollars supplémentaires par enfant présent dans la famille ; le patrimoine mobilier et immobilier doit être estimé à 80 000 dollars ; aucune inscription ne doit figurer au casier judiciaire, aucun passé de violence conjugale ni d'usage de stupéfiants ; et même le surpoids des parents devient un critère de sélection !

D'une manière générale, le nombre d'enfants dont la Chine permet l'adoption décroît chaque année – passant de treize mille en 2004 à dix mille en 2007 –, et un système de quota par pays partenaire est peu à peu instauré.

Tout se passe comme si ce pays, sûr de son avenir et de l'attraction qu'il exercera sur ses enfants confiés à d'autres, considérait cette future diaspora comme un investissement intellectuel et scientifique à long terme. Dès lors, elle entend maîtriser ces migrations au mieux de ses intérêts – et qui répond en quelque sorte à la politique de quotas, d'immigration « choisie », prônée par un pays tel que la France (voir le chap. 22, p. 234).

LA RENCONTRE AVEC L'AUTRE

L'émergence des nouveaux géants économiques et industriels s'accompagne, pour l'ensemble des nations et des peuples dans le monde, de la revendication d'une équité de traitement et d'une reconnaissance de leur altérité. Les rapports dominants-dominés ne sont plus acceptés ; compte tenu de leurs niveaux de développement et de leurs systèmes de valeurs, les divers pays ne souffrent plus d'aucun complexe d'infériorité.

Ces modifications radicales colorent les relations que les humanitaires entretiennent avec leurs partenaires, depuis les chefs communautaires d'un quartier ou d'un village jusqu'aux dirigeants politiques nationaux en passant par les élus locaux. Aujourd'hui, il n'est plus rare de se voir demander les curriculum vitae des volontaires envoyés en mission, ce qui constitue un double signal de la part des autorités : non seulement elles veulent s'assurer que les compétences mobilisées ne se trouvent pas déjà dans leur pays, mais elles affirment également d'une manière symbolique leur capacité à valider toute forme d'intervention extérieure. À leur tour, elles appliquent aux acteurs de la solidarité internationale une logique d'immigration « choisie » ; le Rwanda instaura de telles règles dès 1995-1996 – des règles inhabituelles pour les humanitaires impliqués dans des programmes de santé à la suite du génocide survenu en 1994.

Les victimes aussi ont changé

D'une manière intrinsèque, les intervenants humanitaires sont porteurs d'asymétrie : ils anticipent des réponses médicales d'urgence ; arrivés sur le terrain, ils reproduisent un modèle biomédical, exportant un type de rapports entre le soignant et le malade, entre celui qui sait et celui qui attend et qui souffre, entre l'actif et le passif (voir le chap. 9, p. 124).

Marquée d'ethnocentrisme, la relation humanitaire renvoie également à la complexité du don et à la notion de victime. Spécialiste en anthropologie médicale, Bernard Hours l'évoque ainsi :

> « *Si l'anthropologie ne peut offrir aux acteurs de l'humanitaire qu'une sorte de psychanalyse de leurs rapports aux autres, l'action humanitaire est un champ politique riche pour l'anthropologue car elle nie profondément l'altérité des victimes qui réagissent désormais parfois par la violence. Lorsque le rapport s'inverse et que s'impose la réciprocité nous voyons apparaître des humanitaires à leur tour victimes, otages de ceux qu'ils voulaient aider, épuisés par les épreuves, ébahis par la découverte de ces Autres, distants, hostiles, qu'ils voulaient « sauver d'eux-mêmes », se heurtant à un refus, au mur de l'altérité lorsqu'elle est trop niée. Cette violence décuplera aussi longtemps que le principe de réciprocité n'aura pas mis sous tutelle la brutalité potentielle de toute forme d'ingérence* » (« L'anthropologie est-elle soluble dans l'action humanitaire globale ? », *Revue humanitaire*, hors série, 4, automne-hiver 2007, p. 73).

Si la plupart de leurs interlocuteurs considèrent la démarche des ONG comme un geste authentique de solidarité ou de compassion, ils les voient aussi débarquer avec leurs valeurs et leur histoire – une histoire parfois liée à celle de leur propre pays. Ils les estiment détentrices d'un pouvoir financier, qu'il soit réel ou imaginaire. Mais, de plus en plus souvent, ils les perçoivent avant tout comme les représentantes d'une nation dotée d'une religion, d'un système social et d'une organisation politique qui ne sont pas les leurs.

Aujourd'hui, d'une façon soit spontanée soit instrumentalisée par un certain nombre de chefs d'opinion, la balance tend à pencher non pas vers une symbolique de la générosité mais vers une logique de conquête, jusqu'à basculer dans la vision d'une forme contemporaine d'invasion.

Parce qu'ils mesurent la différence de discours et de pratiques à l'égard de l'autre – ici en France, là-bas dans leur pays d'origine –, les immigrés sont tous les jours les témoins de la schizophrénie occidentale (voir le chap. 22, p. 232). Les migrants sont des étrangers en Occident. Les Occidentaux sont des migrants à l'étranger. Ce qui pouvait sembler une évidence non formulée à l'égard des humanitaires de la génération « sans frontières » s'impose aujourd'hui comme une réalité intangible. Le rééquilibrage de la relation entre les uns et les autres s'avère plus que nécessaire.

15

Le dogme du « choc des civilisations »

Défendue par l'universitaire américain Samuel P. Huntington dans son ouvrage paru en 1996, la thèse du « choc des civilisations » proposait une interprétation des nouvelles relations internationales après la chute du mur de Berlin : au XXe siècle, siècle de l'affrontement des idéologies, allait succéder le siècle de la guerre des civilisations. Il distinguait ainsi huit civilisations, fondées sur les grandes religions, parmi lesquelles la chrétienté occidentale et la civilisation islamique. Un débat d'ordre mondial s'engagea à ce propos.

LA « GUERRE GLOBALE CONTRE LE TERRORISME »

Après les attentats du 11 septembre 2001, la théorie du « choc des civilisations » servit de base idéologique à la « guerre globale contre le terrorisme » (*Global War on Terror*, ou GWOT) telle que décida de la mener, en Afghanistan puis en Irak, le président américain George W. Bush.

L'attaque des Twin Towers devenait le signe d'un terrorisme mondialisé.

Selon cette doctrine, l'Occident doit affronter, d'une manière simultanée, sur l'ensemble des fronts et en les globalisant, un islam radical, source unique de la violence.

Une « guerre des civilisations » s'est engagée entre l'Occident et un monde arabo-musulman auquel on prête pour la circonstance une organisation et un commandement unifiés. Dès lors, un extrémisme musulman internationaliste est présenté comme le dénominateur commun de tous les conflits ayant lieu dans les pays arabes ou musulmans, de l'Indonésie au Pakistan, de l'Afrique du Nord au sud de la Thaïlande et du Niger à la Tchétchénie.

Derrière ces positions se profilent des considérations d'ordre économique et géopolitique, en partie alimentées par une rivalité croissante pour accéder aux matières premières, notamment au pétrole.

L'Occident et ses valeurs

En constituant un bloc issu de la nouvelle mouvance musulmane extrémiste, on globalise en même temps le camp opposé, le « bloc occidental », auquel appartiennent notamment les acteurs humanitaires.

Certains dirigeants politiques, dont les néoconservateurs états-uniens sont la figure de proue, réaffirment que l'Occident est dépositaire de valeurs universelles ; en tant que telles, elles s'imposent donc à tous. Pour eux, la défense des droits de l'homme, la notion de « choc des civilisations » et l'absence d'alternative au néolibéralisme économique représentent les trois aspects contemporains de l'universalisme occidental : c'est en son nom qu'est légitimé le droit d'ingérence militaire et humanitaire.

De cet amalgame proviennent les dangers auxquels les ONG sont désormais exposées si elles s'affichent auprès d'intervenants qui, d'une manière réelle ou symbolique, incarnent cette doctrine ; les équipes se retrouvent alors en première ligne.

Les « croisés » contre les « infidèles »

Dans les sphères de la politique internationale, dans le milieu intellectuel (voir le chap. 9, p. 122) comme dans les opinions publiques, on assiste à la construction d'une véritable ligne de front visant à étayer la réalité du « choc des civilisations ».

La réaffirmation d'un universalisme occidental d'un côté et la crispation identitaire de l'autre, à partir de la question religieuse, constituent la nouvelle rhétorique des défenseurs de cette forme de polarité internationale : les « croisés » contre les « infidèles », le Bien contre le Mal, des « droits de l'homme » qui auraient valeur universelle contre un « islamo-fascisme ».

Les vœux présentés aux Français par le président de la République Nicolas Sarkozy, le 31 décembre 2007, s'inscrivent dans cette logique :

> « *Avec 2008, une deuxième étape s'ouvre : celle d'une politique qui touche davantage encore à l'essentiel, à notre façon d'être dans la société et dans le monde, à notre culture, à notre identité, à nos valeurs, à notre rapport aux autres, c'est-à-dire au fond à tout ce qui fait une civilisation.*
>
> « *Depuis trop longtemps la politique se réduit à la gestion, restant à l'écart des causes réelles de nos maux qui sont souvent plus profondes. J'ai la conviction que dans l'époque où nous sommes, nous avons besoin de ce que j'appelle une politique de civilisation.* »

Les ONG doivent faire attention à la mise en œuvre de ce message, car il possède une influence forte sur leurs actions ; une « politique de civilisation » accrédite en partie la thèse du « choc des civilisations », qui engendre l'exclusion de l'autre, de l'étranger. Le risque est alors grand que les ONG françaises soient perçues ou utilisées, au niveau international, comme les instruments de cette « politique de civilisation ».

LE « RENDEZ-VOUS DES CIVILISATIONS »

Nombreux sont aujourd'hui les observateurs des relations internationales qui réfutent les doctrines défendues par les néoconservateurs américains.

Pour le politologue Olivier Roy :

> *« Le Moyen-Orient n'est pas le théâtre simpliste du choc des civilisations. On ne peut vouloir faire en même temps la guerre à Al-Qaida, aux talibans, au Hezbollah, au Hamas, à la Syrie et à l'Iran en pensant qu'il s'agit du même ennemi »* (*Le Croissant et le chaos*, Paris, Hachette Littératures, coll. « Tapage », 2007).

Pour le démographe Youssef Courbage et l'historien Emmanuel Todd :

> *« L'intégrisme n'est qu'un aspect transitoire de l'ébranlement de la croyance religieuse dont la fragilité nouvelle induit des comportements de réaffirmation. La coïncidence dans le temps d'un reflux religieux et d'une poussée fondamentaliste est un phénomène classique. Mise en question et réaffirmation de l'existence de Dieu sont les deux faces d'une même réalité, même si l'abandon de la croyance traditionnelle est l'issue inévitable de l'hésitation métaphysique. Les dosages sont divers mais l'ambivalence de transition existe toujours. Il n'est même pas nécessaire de voyager pour en trouver des exemples »* (*Le Rendez-vous des civilisations*, Paris, Le Seuil, coll. « La République des idées », 2007, p. 28).

En étudiant les évolutions en cours dans les sociétés musulmanes, ces deux auteurs soulignent en particulier l'augmentation du taux d'alphabétisation des femmes et son influence sur la baisse de la fécondité, ainsi que la remise en cause des structures familiales patriarcales et endogames ; au contraire de tout ce qui se dit, ces transformations témoignent d'un rapprochement de plus en plus grand avec l'Occident.

Quant à Hubert Védrine, il porte un regard dubitatif et sans complaisance sur les valeurs que véhiculent les humanitaires, considérant le droit d'ingérence comme l'expression de logiques coloniales dépassées. D'une façon moins visible mais en se fondant sur les mêmes valeurs, les Européens s'inscrivent dans cette mouvance du « choc des civilisations » :

> *« En 2003, les Européens se croient absolument opposés à Bush. En fait, ils partagent largement la même croyance dans la mission démocratique de l'Occident. L'opinion française est, de surcroît, très favorable au droit, voire au devoir d'»ingérence », sympathiquement incarné par Bernard Kouchner et les* French Doctors. *Réhabilitation, après une éclipse de quelques décennies seulement, du « devoir de civilisation » invoqué autrefois par les colonisateurs, puis brièvement oublié au moment de la décolonisation. La plupart des médias ont décidé qu'ils étaient chargés de veiller à ce que cette vigilance et cet activisme démocratiques deviennent la priorité des diplomaties occidentales. Mais là où Américains et Européens divergent fortement, c'est sur ce qui a trait au recours à la force »* (*Continuer l'Histoire*, p. 21).

RESSENTIMENT, INCOMPRÉHENSION, MENSONGES

Dirigé par le Forum économique mondial en collaboration avec l'université de Georgetown à Washington, un rapport intitulé *Islam et Occident : Rapport annuel sur l'état du dialogue* a été rendu public en janvier 2008 ; il se fondait sur une enquête menée un an auparavant par l'institut de sondages américain Gallup dans vingt et un pays du monde, parmi lesquels les États-Unis, l'Italie, l'Espagne, le Danemark, la Hollande, la Russie, le Brésil, l'Indonésie, l'Égypte, le Pakistan, le Bangladesh et l'Arabie saoudite ; la France, l'Allemagne et la Grande-Bretagne n'ont pas été interrogées.

Selon cette enquête, plus de 60 % des Européens s'estiment menacés par l'immigration issue des pays musulmans. Dans une relation en miroir, des événements font régulièrement l'objet de vives réactions de la part des opinions publiques des pays musulmans – ainsi, au printemps 2008, la republication des caricatures du prophète Mahomet par des journaux danois ainsi que la diffusion sur Internet d'un film anti-islam dû à Geert Wilders, député néerlandais d'extrême-droite. Ce genre d'affaires, précise Alistair MacDonald-Radcliff – prêtre anglican et membre du groupe de réflexion C-100 Initiative, qui réunit des personnalités chrétiennes, juives et musulmanes –, « accroît le ressentiment d'un côté comme de l'autre. Elles suscitent une incompréhension réciproque : les musulmans se sentent insultés, tandis que les Occidentaux ont l'impression que l'on veut limiter leur liberté d'expression ». Selon l'enquête, au Danemark, pour une personne sur deux, l'islam est incompatible avec la démocratie.

Pour Alistair MacDonald-Radcliff, « les médias ont une grande responsabilité dans l'image que les Occidentaux se font des musulmans. Dans les médias, l'islam a peu à peu été assimilé au terrorisme. Même si l'on sait tous que c'est faux, cela joue fortement sur l'inconscient collectif » (cité par Nina Hubinet, « Musulmans et Occidentaux désespèrent les uns des autres », *La Croix*, 26 mars 2008).

CONTRE LES ANALYSES SIMPLISTES

Si la guerre du Biafra se déroulait de nos jours, sans doute certains ne manqueraient pas d'y déceler une nouvelle déclinaison du « choc des civilisations ». D'une façon encore plus affirmée qu'aujourd'hui au Darfour, les alliances internationales, dans l'effort de guerre et dans l'expression de la solidarité internationale, se fondèrent en partie sur un substrat religieux associé à une logique ethnique ; mais, comme au Darfour, l'étude de ce drame révèle avant tout la négligence du gouvernement quant au sort de la lointaine province nigériane ainsi que la convoitise des grandes puissances pour les ressources pétrolières (voir le chap. 8, p. 109).

Dans tous les cas, gardons-nous des analyses partielles, donc simplistes ; en particulier, gardons-nous de toute surinterprétation de la question religieuse ou de la dimension culturelle. Au cours des dernières décennies, ce type d'instrumentalisation a contribué à la stagnation de nombreux États africains : avec habileté et par goût du pouvoir, certains de leurs dirigeants ont su utiliser les mosaïques communautaires, héritées de la décolonisation, pour manipuler les opinions publiques. Les affrontements meurtriers survenus en 2008 au Kenya – qui possède par ailleurs tous les atouts pour se développer sur le plan économique – en témoignent.

Dans leurs constats comme dans leurs comportements, les humanitaires occidentaux doivent rester attentifs à la complexité et aux évolutions du monde, sans jamais rien considérer comme une fatalité, sans jamais succomber à une quelconque lecture idéologique.

Si le dogme du « choc des civilisations » ne résume pas à lui seul les difficultés et les dangers auxquels ils sont désormais confrontés, il constitue néanmoins une entrave de plus en plus forte à leurs possibilités d'intervention dans certains pays.

16

Gaza, prison à ciel ouvert

Aujourd'hui plus que jamais, la situation dans les Territoires palestiniens, en particulier dans la bande de Gaza, concentre et exacerbe l'ensemble des tensions qui agitent la communauté internationale, nourrissant en particulier les rancœurs du monde arabo-musulman. À plus d'un titre, le conflit israélo-palestinien témoigne de l'iniquité de la politique internationale menée par l'Occident et, d'une manière générale, de son absence de considération pour un peuple spolié de sa terre et privé de ses droits fondamentaux. Tandis que les grandes puissances se pressent au chevet de la Birmanie ou du Darfour, il semble incompréhensible qu'elles refusent tout contact avec le régime palestinien qui contrôle à ce jour la bande de Gaza : le Hamas, mouvement de la résistance islamique, qui figure sur la liste des organisations terroristes d'Israël, des États-Unis et du Conseil de l'Union européenne.

Témoins privilégiés des guerres et des crises humanitaires, les ONG se retrouvent au cœur des débats, amenées à révéler l'hypocrisie et l'inconséquence des politiques engagées dans le Proche-Orient. Parce qu'elles en voient tous les jours les effets désastreux sur la population de Gaza (je reprends ici des thèmes abordés dans plusieurs de mes articles, en particulier « Redonner de l'espoir à Gaza », *Libération*, 15 septembre 2006 ; « L'Europe doit peser de tout son poids pour sauver Gaza du chaos », *Le Figaro*, 2 juillet 2007 ; [avec Marie Rajablat] « L'Europe doit faire pression contre l'embargo israélien », *Le Monde*, 30 janvier 2008).

ÉTAT DES LIEUX

Après des décennies d'occupation israélienne, l'embargo économique international qui sanctionna la victoire du Hamas aux élections législatives palestiniennes en 2006, après la prise de contrôle de la bande de Gaza par ce même Hamas en 2007, après le blocus imposé par Israël en 2008…, la population civile gazaouie est exposée à la violence, asphyxiée, épuisée.

Un million cinq cent mille Palestiniens sont rassemblés sur cette bande de Gaza, une plaine côtière de quarante kilomètres de long sur dix kilomètres de large, située au sud-ouest d'Israël et coupée du reste du monde. On connaît là l'une des plus fortes densités humaines de la planète – quelque trois mille huit cents habitants au kilomètre carré.

À ces facteurs démographiques s'ajoute une précarité économique extrême, due en particulier à l'impossibilité d'exporter les produits agricoles, à la suspension des salaires dans les services publics et à l'interruption des revenus de milliers de travailleurs qui, chaque jour, traversaient la frontière pour se rendre dans des entreprises situées en territoire israélien.

Une implosion humanitaire

Dans la bande de Gaza, la situation humanitaire n'a jamais été aussi grave depuis l'occupation israélienne en 1967. Tel est le bilan plus qu'alarmant que dressa, au printemps 2008, un rapport dû à une coalition d'ONG britanniques (Amnesty International, Care, Catholic Agency for Overseas Development [CAFOD], Christian Aid, Médecins du monde-Grande-Bretagne, Oxfam, Save the Children et Trócaire) :

– le taux de chômage atteint près de 40 % ;
– 80 % de la population dépend entièrement de l'aide alimentaire, contre 63 % en 2006 ;
– les systèmes de distribution d'eau et de traitement des eaux usées sont dégradés ;
– l'accès à l'eau potable est précaire ;
– de nombreux produits de base sont très rares ou indisponibles, par exemple le lait pour bébés et le riz ;
– le prix du pain et de la farine a augmenté de 60 % ;
– des coupures d'électricité peuvent atteindre douze heures par jour ;
– les systèmes de soins et d'éducation sont défaillants ;
– les hôpitaux manquent de médicaments essentiels, parmi lesquels antibiotiques, anesthésiques, antidiabétiques et psychotropes ;
– les centres de santé primaires interrompent les vaccinations et les traitements des maladies chroniques ;
– 80 % des enfants âgés de quatre à neuf ans sont en échec scolaire.

Selon le Programme alimentaire mondial (PAM), plus de 70 % des familles vivent avec moins de 1,2 dollar par jour.

POURQUOI NE PAS DISCUTER ?

La décision affichée de la diplomatie française de ne pas entamer le dialogue avec le Hamas a été réaffirmée en juin 2008, lors de la première visite du président de la République Nicolas Sarkozy dans les Territoires palestiniens occupés. S'alignant une fois encore sur la politique prônée par le gouvernement des États-Unis et la mouvance néoconservatrice, le président français a exclu « toute discussion avec les poseurs de bombes » : « Il faut séparer ceux qui veulent la paix d'avec les terroristes, a-t-il précisé à Bethléem. Moi je n'ai pas peur de dire les choses telles que je les pense. Quand on se comporte comme un terroriste, on est un terroriste. »

Une telle déclaration n'ouvre aucune perspective, assumée d'une manière officielle, d'entrer en relation avec les maîtres actuels de la bande de Gaza – même si certains contacts officieux ne sont pas exclus. Elle reflète également cette arrogance de l'Occident décrite par Hubert Védrine :

> *« Le manichéisme et l'hubris occidentaux ont ainsi conduit à cette régression : la politique étrangère est devenue inutile, puisqu'elle n'a plus pour objet que de se congratuler entre amis ou alliés, et qu'on ne doit pas traiter avec les autres, opposants, parias ou voyous : on les ignore, on les sanctionne ou on les bombarde ! Or c'est bel et bien cela qui a échoué au Moyen-Orient. »* (*Continuer l'Histoire*, p. 143).

Quelles que soient ses orientations, le Hamas représente aujourd'hui une réalité politique ; le sort d'un million et demi de Gazaouis, entassés dans cette prison à ciel ouvert, mérite pour le moins d'user de toutes les possibilités offertes par la négociation.

La position française est d'autant plus incohérente que, dans le même temps, se sont multipliés les contacts avec le colonel Mouammar Kadhafi en Libye et avec le président Omar el-Béchir au Soudan – accusé en 2008 de « crimes contre l'humanité et génocide » par la Cour pénale internationale –, dans le premier cas pour contribuer à la libération d'infirmières bulgares, dans le second pour améliorer la situation au Darfour. Face à des régimes autoritaires, le soutien aux populations constitue alors la priorité.

L'attitude diplomatique de l'Union européenne comme de la France dans le conflit israélo-palestinien entraîne des répercussions sur la sécurité des équipes humanitaires ; l'enlèvement de membres de Médecins du monde, en 2006, en témoigne (voir le chap. 6). Dans la bande de Gaza, la gestion des aides devient de plus en plus difficile et dangereuse ; les unes après les autres, les organisations de solidarité internationale quittent le territoire, laissant la population dans la violence, le désespoir et le dénuement.

DE L'ANTI-ISRAÉLISME À L'ANTIJUDAÏSME

La situation dans les Territoires palestiniens, en particulier dans la bande de Gaza, est devenue la scène emblématique où se jouent les conflits entre l'Occident et le monde arabo-musulman ; de part et d'autre, elle entretient le dogme du « choc des civilisations ».

Le grand récit du martyre

Depuis sa création en 1996, la chaîne de télévision Al Jazeera accorde une place majeure au conflit israélo-palestinien (voir aussi le chap. 10, p. 136).

Au fil des semaines, des mois et des années, à l'instar d'une litanie, certaines émissions y décrivent la création de l'État d'Israël comme le mal originel. C'est l'occupation des Territoires palestiniens qui fonde le « grand récit du martyre » ; les opérations martyre sont valorisées, parce qu'elles causent des pertes à l'ennemi et symbolisent une stratégie de résistance à l'occupation (voir Gilles Kepel, *Terreur et Martyre. Relever le défi de civilisation*).

Au printemps 2008, Al Jazeera diffusa un message attribué au chef du réseau terroriste Al Qaida, Oussama Ben Laden ; ce dernier soulignait que « le champ de bataille du djihad le plus proche pour soutenir notre peuple en Palestine est celui de l'Irak ».

Dans la société française

Dans la plupart des pays du monde, et tout particulièrement en France, le conflit israélo-palestinien revêt un caractère extrêmement sensible. Avec une grande justesse d'analyse, le sociologue et philosophe Edgar

Morin souligne la confusion, parfois savamment entretenue, qui existe entre les mots :

> « *La répression israélienne et le déni israélien des droits palestiniens produisent et accroissent les glissements de l'anti-israélisme vers l'antijudaïsme dans le monde islamique. Plus les juifs de la diaspora s'identifient à Israël, plus on identifie Israël aux juifs, plus l'anti-israélisme devient antijudaïsme. Ce nouvel antijudaïsme musulman reprend les thèmes de l'arsenal antijuif européen (complot juif pour dominer le monde, race ignoble) qui criminalise les juifs dans leur ensemble. Cet antijudaïsme s'est répandu et aggravé, avec l'aggravation même du conflit israélo-palestinien, dans la population française d'origine arabe et singulièrement dans la jeunesse. De fait, il y a non pas pseudo-réveil de l'antisémitisme européen, mais développement d'un antijudaïsme arabe* » (« Antisémitisme, antijudaïsme, anti-israélisme », *Le Monde*, 19 février 2004).

POUR DES SOLUTIONS À LONG TERME

Acteurs émergents dans la communauté internationale, les organisations humanitaires se doivent de dénoncer la situation dans la bande de Gaza et de tout faire pour peser sur l'opinion publique comme sur les décisions politiques et diplomatiques.

En adoptant une position indépendante, l'Union européenne peut apporter une aide concrète :
– elle peut répondre aux besoins d'urgence par des enveloppes budgétaires supplémentaires ;
– elle peut exercer une pression sur Israël et sur le Quartette diplomatique – auquel elle appartient en compagnie des États-Unis, de la Fédération de Russie et des Nations unies – pour restaurer les mesures

économiques et financières antérieures à l'embargo de 2006, pour rétablir l'accès à l'eau, aux médicaments et à la nourriture, pour réparer les infrastructures nécessaires aux besoins de base de la population, pour faciliter la circulation des personnes et des biens… ;
– elle peut contribuer au processus de paix avec Israël.

Responsable des programmes de Médecins du monde dans les Territoires palestiniens, Marie Rajablat déclarait au printemps 2008 :

> « *Le gouvernement français devrait reconnaître qu'une nouvelle stratégie est nécessaire pour Gaza. La politique actuelle ne permet pas de sécuriser les intérêts vitaux des citoyens israéliens et, même si c'était le cas, elle en n'en demeurerait pas moins inacceptable et illégale. L'aide humanitaire peut contribuer à retarder l'effondrement complet, notamment du système de soins, mais n'apportera pas la solution de long terme qui est requise. Gaza ne peut pas devenir un partenaire pour la paix à moins qu'Israël, le Fatah et le Quartette ne se mettent à dialoguer avec le Hamas et offrent ainsi un futur aux populations de Gaza.* »

17

La lutte contre le sida : un piège humanitaire

Apparue il y a plus de vingt ans, l'épidémie de sida illustre aujourd'hui, par l'accès ou par l'absence d'accès aux traitements, la réalité d'un monde à deux vitesses, la logique inégalitaire instaurée par les pays développés à l'encontre des pays en développement.

L'ampleur de ce qui est très vite devenu une pandémie a conduit de nombreuses organisations internationales à la traiter comme une urgence humanitaire. La lutte contre le sida, problématique majeure de santé publique, a dès lors été en grande partie menée par des ONG qui, pour affronter des besoins incommensurables dans les continents les plus pauvres, ont dû développer des actions de prévention, choisir entre une démarche expérimentale et un engagement à long terme, spécialiser leur aide, orienter leurs programmes selon les financements disponibles…, au risque de déstructurer les systèmes de soins des pays les plus fragiles.

Pour les associations humanitaires présentes dans le monde entier, cette implication massive constitue aujourd'hui un piège d'ordre éthique, politique et économique. Quand elles auront épuisé leurs ressources humaines et financières dans leur lutte contre la pandémie de sida, elles auront perdu une large part de leurs capacités d'action et seront désignées comme des cache-misère, accusées de masquer l'incurie des grands organismes internationaux. Elles y perdront leur légitimité, et leur âme.

UNE NOUVELLE RÉALITÉ SANITAIRE

À partir du début des années 1980, on assista à l'émergence de ce qui n'était encore qu'une épidémie d'origine inconnue, bientôt identifiée comme le virus de l'immunodéficience humaine (VIH) – plus connu sous l'appellation « sida » (syndrome de l'immunodéficience acquise). Tout d'abord isolée chez des populations spécifiques telles que les usagers de drogues injectables et les homosexuels, l'épidémie prit peu à peu une ampleur mondiale.

Le développement de la maladie eut une influence profonde sur les pratiques mêmes des ONG médicales internationales, parce qu'il s'imposa comme une évidence épidémiologique ; en Afrique et en Asie en particulier, le sida décima l'ensemble d'une génération, touchant tous les secteurs. Très vite, les programmes durent s'adapter à cette nouvelle réalité sanitaire. Sur de nombreux lieux d'intervention, la pandémie vint se surajouter à des situations déjà graves – le déficit des systèmes de santé ou l'existence d'un conflit armé.

Aujourd'hui, on estime que trente-trois millions de personnes en moyenne sont touchées par le virus – qui a fait plus de deux millions de victimes en 2007 (chiffres donnés par l'ONUSIDA, programme commun des Nations unies sur le VIH/sida) ; depuis les années 1980, le virus a touché soixante-cinq millions de personnes environ, et vingt-cinq millions en sont mortes. Dans les pays en développement, sur les sept millions de personnes nécessitant un traitement antirétroviral, seuls deux millions d'entre elles y ont accès.

L'Afrique subsaharienne demeure le continent le plus touché, réunissant les deux tiers des personnes séropositives dans le monde ; le sida reste sa première cause de mortalité. L'Afrique du Sud témoigne de la prévalence la plus haute, avec 15 % ; près d'un adulte sur six vit avec le virus. En Tanzanie, 5 % des personnes âgées de quinze à quarante-neuf ans sont concernées. En Asie, cinq millions de personnes en moyenne vivent avec le VIH ; une personne sur six seulement bénéficie d'un traitement.

L'IMPUISSANCE DE LA MÉDECINE OCCIDENTALE

Dans un premier temps, et compte tenu de l'absence de vaccins et de traitements, les ONG orientèrent leurs actions vers la prévention, ce qui entraîna plusieurs mutations de pratiques. Dans les pays du Sud comme dans les pays d'origine, par leur existence même, ces types d'actions reconnaissaient les limites des protocoles thérapeutiques occidentaux, ébranlant l'image d'une médecine toute-puissante, triomphant toujours de la maladie ; la théorie de la transition épidémiologique, témoin du niveau de développement d'une société, fut remise en cause.

La transition épidémiologique réfutée

Dans le domaine de la santé publique, la transition épidémiologique, également appelée « transition sanitaire », est définie comme une période de baisse de la mortalité, qui accompagne la transition démographique ; selon ce dernier mécanisme, une société en développement voit sa population maîtriser peu à peu son taux de natalité en fonction de l'âge et des causes de décès. Plus une société se développe, plus elle adopte une logique démographique associant un taux de mortalité faible à un taux de natalité faible : quand une population perd moins d'enfants – et moins d'enfants en bas âge –, elle tend, par un système d'adaptation, à concevoir moins d'enfants.

De la même façon, selon la théorie de la transition épidémiologique, le taux de mortalité lié aux maladies infectieuses est considéré comme un témoin fiable du degré de développement d'un pays : une population révèle un niveau de développement d'autant plus élevé que son taux de mortalité par maladies infectieuses décroît.

L'émergence du sida, ainsi que tous les phénomènes de résistance aux familles d'antibiotiques, vint battre en brèche ce concept. Car la lutte contre les maladies infectieuses reste d'actualité à la fois dans les pays en développement et dans les pays développés ; l'augmentation, en Occident, des infections nosocomiales – contractées dans les hôpitaux et souvent dues à des germes très résistants – participe de la même réalité.

Sur le long terme

En faisant entrer l'action des ONG médicales dans le champ de la prévention, la pandémie provoqua un second changement déterminant, qui toucha à leurs pratiques mêmes.

Dans un souci d'efficacité, la lutte contre le sida réclamait, sur le terrain, des durées d'intervention prolongées ; par définition, la prévention ne pouvait se satisfaire de programmes ponctuels, mais devait permettre aux populations exposées d'acquérir les connaissances et les moyens nécessaires pour se protéger contre une maladie contagieuse à laquelle, dans les années 1980, ne correspondait aucun traitement.

EXPÉRIMENTER OU S'ENGAGER LARGEMENT ?

Après avoir lutté avec la seule prévention contre la maladie, les ONG virent apparaître des monothérapies, puis des bithérapies, enfin des trithérapies destinées à ralentir la prolifération du virus. Elles entamèrent alors un véritable bras de fer contre les laboratoires pharmaceutiques et les instances sanitaires internationaux ; en effet, dans l'esprit de nombreux dirigeants politiques et économiques, l'usage des premières molécules actives disponibles sur le marché devait – à n'en pas douter, avançaient-ils avec arrogance – se cantonner aux malades des États occidentaux.

Deux motifs furent invoqués : d'une part, ces molécules encore expérimentales témoignaient d'un coût très élevé, restant donc inaccessibles aux populations déshéritées ; d'autre part, la précarité et l'absence de compétences des personnels de santé d'un grand nombre de pays en développement ne permettaient pas une utilisation sécurisée de médicaments dotés d'effets secondaires importants, en particulier dermatologiques et hépatiques.

Des trithérapies pour les pays pauvres

Complémentaire de leurs interventions traditionnelles, un combat nouveau débuta pour les ONG médicales : celui de prouver par des actions expérimentales menées sur un petit nombre de sites que – à certaines conditions, en particulier une volonté politique réelle sur le plan local et international – les pays du monde entier, et même les plus pauvres, pouvaient accéder aux nouvelles thérapies.

L'enjeu était de rompre le déséquilibre intolérable qui dominait alors : d'un côté, une pandémie de sida qui vidait les pays du Sud de toutes leurs forces vives en faisant mourir les adultes jeunes ; de l'autre, des traitements efficaces réservés aux pays du Nord, où l'intensité de la maladie était, en proportion, infiniment moindre.

Apparus peu à peu, les premiers protocoles à base de trithérapie confirmèrent leur efficacité et, à défaut d'une guérison complète, permirent de stabiliser la maladie chez les personnes atteintes par le VIH. Poursuivant leur raisonnement, les principales ONG médicales s'attelèrent à démontrer que ces protocoles pouvaient trouver leur place sur les terrains vulnérables, notamment en Asie et en Afrique.

Grâce à des actions intenses menées, avec d'autres associations, contre les grandes firmes pharmaceutiques, Médecins sans frontières développa avec succès une immense campagne afin de diminuer sensiblement le prix des traitements ; dès la fin des années 1980, les militants d'Act Up avaient procédé ainsi. Aujourd'hui, grâce aux médicaments génériques fabriqués par des pays tels que l'Inde, le coût d'une trithérapie est passé de 150 à 30 dollars en moyenne par patient et par mois, la rendant beaucoup plus accessible aux populations pauvres. Cela est vital pour les générations actuelles.

Un dilemme essentiel

La mise à disposition de la trithérapie constitua une étape décisive. Deux choix s'offrirent alors aux ONG : soit poursuivre la démarche expérimentale engagée – prouver sur quelques lieux que les pays pauvres pouvaient recourir aux traitements –, soit estimer que la pandémie de sida était devenue une priorité au sein de leurs programmes. Pour chaque ONG concernée, le débat était crucial, car de lui dépendaient les moyens financiers, les compétences et les ressources humaines qu'elle souhaitait ou qu'elle pouvait investir en regard de demandes colossales.

En effet, pour une ONG, entamer des programmes de trithérapie est un engagement dans la durée ; en l'état actuel des connaissances scientifiques, les personnes sous trithérapie doivent l'être à vie, ce qui implique une sécurisation à long terme des mécanismes élaborés sur le terrain. Or, dans de nombreux pays, espérer qu'un relais local soit efficace, selon l'échelle temporelle qui est en général celle des ONG, reste illusoire.

L'engagement dans la durée souleva un autre débat, qui concernait les budgets des ONG, somme toute modestes eu égard aux besoins d'ensemble (voir le chap. 7, p. 99). Les organisations de solidarité internationale devaient-elles mobiliser toutes leurs forces dans la lutte contre le sida ? Fallait-il se lancer à corps perdu dans la bataille, pour un effet limité ? Ou bien fallait-il rester dans l'expérimentation pour inciter les institutions gouvernementales ou intergouvernementales à s'investir ? La polémique fut vaste et tumultueuse.

Dans le cadre de mes diverses responsabilités à Médecins du monde, j'ai toujours témoigné d'une prudence extrême à l'égard de nos engagements dans la lutte contre le sida : dans ce domaine comme dans d'autres et au nom d'un principe de réalité, je considérais que nous devions conserver une dimension expérimentale. Par ailleurs, j'étais opposé à une aide par pathologies spécifiques, qui s'instaurerait au sein de l'association au détriment d'une approche plus globale des besoins humanitaires. Je considérais également avec désapprobation l'apparition de comportements de techniciens de la santé – reproduisant les réflexes de lutte contre les pandémies qui furent ceux des puissances coloniales. Ils n'étaient pas sans m'évoquer ce que j'avais, étudiant en médecine, réprouvé chez de nombreux praticiens hospitaliers, drapés dans leurs certitudes biologisantes ou mandarinales.

L'EXEMPLE DE LA BIRMANIE

Aujourd'hui, dans le monde, Médecins sans frontières suit cinquante mille personnes sous trithérapie, une responsabilité importante, car cette gestion à long terme nécessite une pérennité de moyens et implique un contrat moral à l'égard de ces individus.

Dans un contexte politique aussi dégradé que celui de la Birmanie, Médecins sans frontières-Hollande a entrepris un vaste programme de prise en charge de patients ; huit mille personnes sont déjà sous traitement, et les besoins en concernent vingt-quatre mille autres, touchées par le sida et entrées en contact avec l'association. Dans un pays où l'État est totalement défaillant en ce domaine, le respect des engagements pris est vital, car il n'existe à ce jour aucune perspective de reprise des traitements par les autorités locales.

Les ravages de la drogue et du tourisme sexuel

À l'instar de nombreux pays du Sud-Est asiatique, la Birmanie est frappée depuis une vingtaine d'années par la pandémie de sida. Le premier dépistage fut effectué en 1985 à l'instigation des autorités militaires, et le premier cas fut détecté en 1988. Si le gouvernement estime à cent quatre-vingt mille le nombre de personnes vivant avec le virus, on pense aujourd'hui que quatre cent vingt mille personnes environ sont touchées et que la prévalence, pour l'ensemble de la population, est supérieure à 1,3 %.

Si le VIH touche plus particulièrement les personnes à risques telles que les usagers de drogues injectables – 38 % d'entre eux sont infectés, selon une estimation basse – et les travailleuses du sexe – 25 % d'entre elles sont considérées comme infectées à Yangon –, le pont vers la population générale est désormais établi.

La pandémie de sida fragilise la junte militaire pour trois raisons :

– l'ampleur dévastatrice de la maladie concerne l'ensemble des Birmans, à tous les niveaux de la vie politique et sociale, y compris l'armée, garante du maintien du pouvoir ;

– du fait des modes de contamination, la pandémie remet en cause la production et la consommation d'héroïne, ferment de la narcodictature birmane. La principale source de revenus – inavouables – de la junte provient de la drogue, ce qui lui vaut la réprobation de la communauté internationale ;

– du fait des liens privilégiés qu'elle entretient avec la Birmanie, dont elle est le principal soutien régional, la Chine court un risque sanitaire majeur ; certaines villes frontalières sont la destination d'un tourisme sexuel débridé, pratiqué en particulier par la communauté chinoise ; par ailleurs, à cause de leur niveau scolaire limité et de la faiblesse des campagnes médiatiques, les prostituées birmanes restent encore nombreuses à ignorer l'existence du virus ainsi que ses modes de contamination et de prévention.

Une situation intolérable

Aujourd'hui, le Myanmar, ou « pays merveilleux » – la Birmanie a ainsi été rebaptisée en 1989 par son gouvernement –, représente donc un danger pour ses voisins ; ces derniers prennent conscience que l'obscurantisme du régime en place se double d'une responsabilité immense dans la diffusion du VIH par l'ampleur de la production et de la consommation d'héroïne ainsi que par l'absence d'une politique de santé cohérente.

Même si la Birmanie constitue un marché important pour les exportations chinoises, le gouvernement de Pékin ne pourra plus accepter très longtemps que ce négoce, qui repose sur la drogue, contribue à la diffusion du sida sur son propre territoire ; remettre en cause les termes des échanges entre la Chine et la Birmanie permet d'accentuer les failles du régime (je reprends ici les thèmes abordés dans l'article « Pourquoi l'épidémie de sida prend-elle un tour dramatique en Birmanie ? », *L'Humanité*, 8 juillet 2006).

C'est dans un tel contexte imbriquant les domaines politique, économique et sanitaire, sur le plan national et international, que se situent actuellement les interventions humanitaires.

QUAND LES ONG AFFAIBLISSENT LES SYSTÈMES DE SOINS

L'engagement des ONG dans la lutte contre le sida a eu des conséquences d'ordre général sur les systèmes de santé de nombreux pays en développement.

En effet, la pandémie a provoqué la forte mobilisation de financeurs à la fois publics – ainsi le Fonds mondial de lutte contre le sida, la tuberculose et le paludisme – et privés – par exemple la fondation Gates –, asssurant aux ONG et aux systèmes de santé des ressources importantes. Un glissement s'est alors opéré, conduisant les unes comme les autres à spécialiser leurs programmes d'une manière inexorable. Les effets secondaires ont été multiples :

– les budgets ont été réorientés vers les structures médicales qui disposaient des professionnels capables de diriger les traitements de trithérapie ;
– l'attention à des pathologies courantes, qui frappent les pays pauvres, telles que les diarrhées, les déshydrations aiguës des enfants, les infections respiratoires et le paludisme, a été délaissée ;
– en cloisonnant les actions, on a affaibli les structures des systèmes de santé dans de nombreux pays en développement et on a fragilisé leurs capacités, déjà très réduites, à fournir des soins de première nécessité ;
– pour répondre à cette stratégie, beaucoup d'intervenants ont formé des personnels de santé locaux ; après avoir acquis des compétences auprès des ONG, ces praticiens ont tout naturellement obtenu des responsabilités au sein des grands organismes internationaux engagés dans la lutte contre le sida ; rapidement, ils ont témoigné d'une mobilité professionnelle et ont quitté leur pays d'origine. Ce phénomène a aggravé non seulement la pénurie des personnels de santé dans les pays pauvres, mais également l'inégalité de l'accès aux soins entre les villes et les campagnes, en particulier en Afrique.

Par une approche de nature expérimentale, les ONG contribuent à faire évoluer les systèmes de soins des pays en développement dans deux domaines importants : la décentralisation et l'intégration. La décentralisation consiste à mettre en place au niveau périphérique – dans les petits hôpitaux ou les centres de santé – les modalités de prise en charge des malades, quand ces structures possèdent les ressources humaines et techniques nécessaires ; en effet, dans la plupart des cas, seuls les hôpitaux de niveau régional peuvent aujourd'hui délivrer les traitements. Vient ensuite l'intégration de cette prise en charge dans le cadre de soins usuels, et non pas au sein d'établissements spécifiques, qui stigmatisent les personnes porteuses du VIH.

Troisième partie

Pour une métamorphose

18

Comprendre et expliquer

Le statut d'association humanitaire ne confère plus aux équipes venues en aide à des populations une immunité face à la violence ; au contraire, la puissance symbolique attachée aux ONG, en particulier leur ancrage dans le monde occidental, les pénalise et tend désormais à se retourner contre elles. Exhiber leur logo ne suffit plus à éviter la confusion des acteurs sur le terrain, donc ne les protège plus. Parce que les interventions humanitaires se font aujourd'hui sous conditions, la prudence est de mise quant au déploiement et à l'image des ONG.

Que faire ? Étudier et comprendre la complexité des pays, rencontrer, écouter, expliquer ses objectifs et agir en toute transparence. Le respect de l'autre et de ses différences est le seul gage de l'efficacité et de la sécurité d'un programme de solidarité internationale (voir aussi le chap. 14, p. 177).

SE DONNER LES MOYENS

Toutes les ONG ont deux logiques à mener : l'analyse globale de la conjoncture dans laquelle s'inscrivent les crises violentes et l'action sur le terrain. Plusieurs stratégies complémentaires leur permettent d'appréhender cette conjoncture :

– l'étude des contextes non seulement au niveau local mais également régional ;

– l'analyse des informations provenant à la fois des pays d'origine et des zones d'intervention ;

– la formation et l'accompagnement des cadres de terrain ;

– la connaissance de toutes les implications d'un conflit ;

– le dialogue, direct ou indirect, avec l'ensemble des belligérants – le tissage d'un réseau local s'avère ici déterminant.

CHERCHER DES REGARDS COMPLÉMENTAIRES

Avant l'implantation de tout programme, les organisations de solidarité internationale sont amenées à découvrir des environnements complexes – à la fois sur le plan social, économique, politique, démographique, ethnique ou religieux –, afin de déterminer les besoins en matière de santé. Si, compte tenu de la brièveté de leurs actions, il serait pour elles illusoire d'en acquérir une vision générale, en revanche il leur revient d'aider leurs équipes à saisir une situation dans ses grandes lignes et à savoir tisser des réseaux locaux. Très précieux, ces partenaires leur permettront en effet de se repérer dans des contextes mal connus ; ils seront également les mieux placés pour les alerter en cas de dégradation des conditions de sécurité : au fil du temps, trop éloignées des communautés ou accoutumées à la violence, certaines équipes ne perçoivent plus le danger et baissent la garde.

Pour ce qui est des informations à recueillir, les ONG restent trop souvent entre elles, se limitant à des échanges de points de vue et de précisions d'ordre technique ; des sources restent insuffisamment exploitées, par exemple les contacts ponctuels avec des diplomates, des spécialistes de telle ou telle zone, des acteurs d'un conflit ou encore des journalistes. Le dialogue des cultures doit s'instaurer, de même que la culture du dialogue.

MENER UNE RÉFLEXION PERMANENTE

Du fait de l'évolution des contextes d'intervention, il convient de rester prudent à l'égard des tentatives de normalisation de l'aide humanitaire. S'il ne s'agit pas d'être rétif à toute modélisation des pratiques, en revanche il faut se méfier d'une assistance qui se déshumaniserait peu à peu, cantonnant la solidarité internationale à la livraison de programmes « clé en main », avec produits alimentaires, eau et médicaments (voir aussi le chap. 9, p. 124). Cela ne fait que traduire l'incapacité à comprendre la complexité d'une situation. Au contraire, plaidons pour des actions réalistes, adaptables et adaptées aux singularités, qui témoignent d'une proximité humaine et non pas d'une prestation de service.

SAISIR LES ÉQUILIBRES EN PLACE

Cerner l'identité, les revendications et les alliances des principaux membres d'un conflit, voilà ce qui sous-tend la rencontre avec les dirigeants locaux, les représentants communautaires ou religieux. Cette démarche est essentielle, car elle fait foi, pour une ONG, de son respect des règles en vigueur, et permet de créer des liens durables sur le terrain ; dans la plupart des cas, l'accord de principe des diverses autorités est nécessaire pour le déploiement et la circulation des équipes humanitaires.

Si ces rencontres sont vitales pour une ONG, elles n'en constituent pas pour autant une condition absolue de la sécurité de ses équipes : les contextes d'une crise sont parfois si éclatés, les forces en place si difficiles à repérer, les logiques claniques, politiques et religieuses si entremêlées et l'organisation initiale si ébranlée que les relations s'en trouvent gênées, voire empêchées.

Ainsi, dans la bande de Gaza, il faut savoir se retrouver entre l'existence des structures sociales traditionnelles, la confrontation politique du Hamas et du Fatah, l'infiltration de groupes djihadistes internationalistes et l'apparition de groupes armés, aux mobiles mafieux ou financiers. Au Darfour, au contraire, la complexité tient à la juxtaposition de microzones dirigées par des factions diverses, faisant comparer l'apparence de ce conflit à une « peau de léopard ». Dans de telles situations, les codes habituels de la négociation s'avèrent peu efficaces pour garantir la sécurité des équipes.

USER DE TRANSPARENCE

Les rencontres avec les acteurs locaux visent à clarifier les intentions d'une association humanitaire : dire qui elle est, ce qu'elle fait et pourquoi, exposer la manière dont elle souhaite intervenir, préciser ce qui la distingue des autres intervenants présents sur le terrain… est essentiel pour éviter tout amalgame et toute catastrophe. Cette exigence de transparence fit largement défaut à l'Arche de Zoé, avec les conséquences que l'on sait (voir le chap. 2).

Il convient également de comprendre l'image que renvoient les organisations humanitaires sur le terrain ; quand elle est négative, il faut tenter de l'infléchir par le dialogue et l'explication des objectifs. Si, à la suite de ces rencontres incontournables, l'incompréhension ou l'hostilité perdure, une ONG sait que les conditions de son implantation sont dangereuses.

Comprendre, écouter et expliquer encore et encore doivent aujourd'hui constituer les règles d'or de toutes les ONG responsables, conscientes des risques qu'elles font courir à leurs personnels ; elles ne peuvent plus se draper dans une sécurité hypothétique, à l'ombre de leurs logos. C'est de leur connaissance du pays où elles interviennent, des liens qu'elles savent tisser et de leurs relations avec les dirigeants que dépendent désormais leurs capacités d'action. Pour reprendre la formule de Joseph Dato, ancien membre du conseil d'administration de Médecins du monde, les réseaux locaux passent avant les logos.

19

Affirmer son identité

Les interventions des organisations humanitaires les conduisent à se rapprocher des autres acteurs sur le terrain, qu'il s'agisse des services gouvernementaux du pays – en particulier du service de santé –, des agences spécialisées des Nations unies ou de diverses ONG, sans oublier les troupes nationales ou étrangères engagées dans un conflit. Si toutes ces coordinations sont nécessaires pour mener à bien les programmes, la multiplicité des participants provoque une confusion de rôles, de responsabilités, d'engagement et d'image (voir le chap. 12).

Sur le terrain, les groupes armés ne font pas ou ne veulent pas faire la différence entre un humanitaire d'État, un humanitaire intergouvernemental et un humanitaire non gouvernemental, considérant parfois qu'il s'agit d'un stratagème d'ensemble. Dans leurs prises de parole comme dans leurs pratiques, les humanitaires doivent donc se démarquer et revendiquer leur caractère résolument indépendant et impartial.

UNE MISSION MILITAIRE N'EST PAS UNE MISSION HUMANITAIRE

Si le risque d'amalgame naît parfois des alliances nouées par des ONG, il peut également être créé de toutes pièces par un représentant d'un gouvernement : en mars 2008, un soldat appartenant aux forces françaises basées au Tchad fut tué sur le territoire soudanais alors qu'il était en mission de reconnaissance. Une mission que le ministre de la Défense, Hervé Morin, qualifia de « mission humanitaire ». De tels propos firent réagir des ONG françaises impliquées dans cette région de l'Afrique, qui lui adressèrent cette mise au point :

> « *C'est avec beaucoup de tristesse que nous avons appris dans le communiqué daté du 7 mars 2008 la mort du sergent Gilles Polin au Soudan, sous-officier français des forces spéciales de l'EUFOR. Nous nous associons aux condoléances auprès de sa famille et de ses proches.*
>
> « *Suite à cette annonce par votre cabinet, nous sommes plusieurs organisations non gouvernementales (ONG) d'aide humanitaire, présentes au Tchad et au Darfour, à nous interroger sur la qualification que vous faites de la mission dans laquelle était engagé ce sous-officier.*
>
> « *Vous avez en effet indiqué dans un communiqué du 7 mars dernier que « les deux militaires français [étaient] en mission humanitaire ». Cette qualification ne correspond pas aux termes de leur engagement et nous semble dangereuse. En effet, ces deux militaires étaient engagés sous les couleurs d'EUFOR, laquelle tire son mandat de la résolution 1778 du 25 septembre 2007 du Conseil de sécurité et de la décision adoptée par le Conseil de l'Union européenne le 15 octobre 2008. Ces textes n'indiquent nullement le caractère « humanitaire » de la mission EUFOR. Le mandat de cette force repose en effet sur trois principaux axes : assurer la protection des civils en danger, faciliter l'acheminement de l'aide humanitaire en améliorant la sécurité dans la zone d'opération et contribuer à la protection du personnel et des infrastructures d'aide. Il s'agit d'une présence multidimensionnelle destinée à établir les conditions favorables au retour volontaire, sécurisé et durable des réfugiés et des personnes déplacées.*

« Nous souhaitons également attirer votre attention sur la nécessité de maintenir une distinction claire entre acteurs militaires d'un côté et organisations humanitaires de l'autre. En effet, créer une confusion entre les actions humanitaires et les opérations militaires peut se traduire par des risques accrus pesant sur les travailleurs humanitaires dans la mesure où ils peuvent être assimilés aux forces armées étrangères. Les risques résident principalement dans la menace d'attaques par inadvertance mais également de représailles ciblées, lorsqu'une ONG internationale se trouve sur le même terrain d'intervention qu'une force internationale.

« Par ailleurs, nous souhaitons rappeler que les actions humanitaires ne peuvent se confondre avec les opérations militaires, ces dernières étant basées sur des considérations d'ordre politique. Conformément aux Conventions de Genève et à leurs protocoles additionnels, l'action humanitaire se fonde sur les principes d'indépendance, de neutralité et d'impartialité – principes qu'il est d'autant plus important de défendre dans une situation de conflit comme au Tchad et au Darfour. Le respect de ces principes est crucial pour garantir un accès libre et sûr aux victimes. Il est donc important qu'en toute circonstance soit maintenue une séparation claire entre agences humanitaires et forces armées en délimitant notamment leurs sphères de compétence respectives et leurs responsabilités.

« En conclusion, nous vous alertons sur le fait qu'il est extrêmement périlleux d'utiliser le concept d'"humanitaire" en toute situation. Nous vous demandons de le réserver aux actions d'assistance conduites par les seules organisations civiles, soumises aux principes de neutralité, d'indépendance et d'impartialité. »

ACTION CONTRE LA FAIM ; CARE FRANCE ; PREMIÈRE URGENCE ; MÉDECINS DU MONDE.

MAÎTRISER L'ORIGINE DE SES FINANCEMENTS

Aujourd'hui plus que jamais se pose le problème des ressources financières d'une ONG. Si elle doit rendre compte à ses donateurs, elle doit également, sur des terrains très sensibles, préciser et expliquer à ses interlocuteurs l'origine des financements mobilisés.

Lors de conflits internationaux, l'argent a une odeur. Dans certains contextes, bénéficier d'un financement du ministère français des Affaires étrangères est loin d'être neutre. Et comment pourrait-il en être autrement, aujourd'hui, au Tchad ? De même, comment ne pas interpréter l'assassinat d'un représentant de l'Agence américaine pour le développement international (USAID), en janvier 2008, à Khartoum, comme une action dirigée contre la politique des États-Unis ?

Quand ils soutiennent une mission, les organismes gouvernementaux tiennent à être vus sur le terrain ; pour une ONG, afficher son logo à côté de celui d'une institution jugée indésirable dans un contexte donné risque d'être lourd de conséquences. Dès lors, on comprend pourquoi la part des financements privés dans le budget d'une association humanitaire doit être forte.

Quand on agit localement avec un financement institutionnel, il faut donc s'assurer qu'il est dénué de toute connotation négative dans le conflit concerné. En règle générale, les ONG doivent également expliquer que l'origine de leurs financements peut être sans incidence sur leur indépendance de décision et sur leurs choix d'action. Financement ne signifie pas inféodation.

La part de liberté

Par ses relations avec la diplomatie française, Médecins du monde n'échappe pas entièrement aux risques de confusion entre l'humanitaire non gouvernemental et la politique du pays d'origine. En effet, 10 % du budget de ses programmes internationaux provient d'apports du ministère des Affaires étrangères et européennes ainsi que d'autres instances nationales ; lorsque de telles sources sont utilisées, il convient de choisir avec discernement les contextes de missions.

Peut-on accepter des financements du gouvernement français quand on intervient en Irak, en Afghanistan, au Tchad ou en Côte-d'Ivoire, où sont déployées ses forces armées ? La conduite à tenir dépend de la liberté, dont on bénéficie ou non, de décider en toute indépendance des zones d'implantation, des partenaires et des modalités de l'aide. Face à un principe de réalité économique, de tels choix provoquent des débats nombreux et intenses au sein de l'association.

CRÉER UN RÉSEAU INTERNATIONAL

Au-delà des modèles auxquels appartiennent les diverses ONG, une différence très nette apparaît entre les petites structures et les grandes organisations de solidarité internationale : plus une association est de taille réduite, plus ses facultés d'adaptation sont faibles, plus elle a de mal à acquérir les compétences nécessaires pour évoluer d'une façon réaliste sur le terrain.

Depuis plusieurs années, Médecins du monde s'est engagé dans la construction d'un réseau international, avant tout européen, formé de délégations en Espagne, en Suisse, en Belgique, au Portugal et dans trois pays non européens : les États-Unis, le Canada et l'Argentine.

La mise en place de ce réseau répond à des préoccupations multiples. L'une d'entre elles est de parvenir, en regroupant ces délégations, à une dimension suffisante pour accroître l'aide apportée et pour faire mieux entendre la voix de l'association sur des sujets aussi cruciaux que l'accès aux soins des migrants en Europe, la lutte contre le sida et la situation sanitaire dans les Territoires palestiniens ou en Irak.

Ce réseau international permet également de recruter des personnels et des volontaires plus nombreux et de nationalités différentes. Cela s'avère utile dans les régions où le statut de volontaire français se révèle dangereux : selon les circonstances, des Espagnols, des Suisses ou des Belges interviennent plus facilement dans des pays tels que la Côte-d'Ivoire ou le Tchad ; au contraire, dans d'autres cas, par exemple pour des urgences en Amérique latine, la délégation française œuvre parfois d'une manière plus aisée.

Un autre intérêt de ce réseau concerne la recherche de financements privés ou institutionnels qui ne prêtent pas à confusion dans des régions du monde où l'actualité internationale, voire les séquelles de l'époque coloniale, ont pu laisser des traces.

DES SENSIBILITÉS DIVERSES

De la part d'une organisation non gouvernementale, réaffirmer ses principes d'indépendance et d'impartialité implique une compréhension des évolutions actuelles, réclamant en particulier, au sein de ses équipes, la présence de cadres et de volontaires formés et dotés de compétences et de préparations spécifiques.

Toutes ces questions sont loin de faire l'unanimité dans le mouvement humanitaire qui témoigne de perceptions et de sensibilités différentes, voire opposées. Les analyses et les stratégies proposées varient d'une organisation à l'autre, selon le modèle auquel elle appartient, selon sa nationalité, son histoire et sa culture, ses choix d'intervention, son fonctionnement, ses financements ou ses relations avec les gouvernements (voir le chap. 7).

20

Faire évoluer ses pratiques

Sans doute est-ce dans l'exercice de leurs compétences médicales que les humanitaires sont perçus comme des étrangers. Aujourd'hui, pour être acceptés et rester efficaces, ils doivent à tout prix tenir compte des dimensions sociales et culturelles de la mise en œuvre de leurs programmes. Sans tomber dans un culturalisme béat ni faire l'apologie des médecines traditionnelles.

D'une manière paradoxale, la lutte contre la pandémie de sida a ravivé cette préoccupation : s'occuper de prévention, empêcher la propagation de l'infection conduit à s'interroger sur les comportements, les pratiques sexuelles et les représentations qu'en ont les personnes concernées (voir le chap. 17). Nombreux sont les domaines particulièrement sensibles à la composante culturelle, depuis le sevrage des jeunes enfants en Afrique ou en Asie jusqu'au traitement du paludisme, la première cause de mortalité dans les pays pauvres.

LA DÉCOUVERTE DE L'AUTRE

Au cours de leurs diverses missions, les acteurs humanitaires se doivent de respecter les codes qui régissent le fonctionnement d'un groupe social, de même que ses valeurs, ses savoirs et ses pratiques en matière de santé et de maladie, ses manières de concevoir et d'effectuer les soins et les traitements. Les questions à se poser sont alors : Quels sont les savoirs vernaculaires et comment y accéder, dans des sociétés souvent non scolarisées et analphabètes ? Comment entrer en relation avec les personnes malades ? Comment s'établissent les rapports entre les soignants et les soignés ? Comment sont élaborées les représentations du corps, de la maladie ? Comment sont perçues les causes de la maladie ? À quoi sont-elles attribuées ? Comment sont considérés les médicaments ? Comment sont utilisées les médecines traditionnelles, et à quelles fins ? Comment sont articulés les recours à la médecine occidentale et à la médecine traditionnelle ?

Dans la plupart des pays d'intervention, les savoirs sur la santé et sur la maladie ne correspondent pas, ou très peu, aux principes biomédicaux tels qu'ils sont enseignés et valorisés en Occident (voir le chap. 9, p. 124). Afin que cette confrontation ne génère ni incompréhension ni rejet de la part des populations, il convient d'être prudent, respectueux, ouvert et doté de beaucoup de pédagogie.

De même, les actions menées à moyen et à long terme doivent tenir compte de la situation matérielle et économique d'un pays, car la pauvreté et l'insalubrité rendent difficile l'application des conseils sanitaires. Un décalage s'établit alors entre le contenu d'une action et sa réalité : dans des lieux où l'eau constitue une denrée rare, une mesure simple de prévention telle que le lavage des mains au savon, pour éviter la propagation des diarrhées, est une gageure. Ne pas le comprendre risque de provoquer l'inefficacité d'une action, le désintéressement de la population et, d'une manière générale, une perte de crédibilité pour les humanitaires.

Dans le domaine de l'enfantement et des soins maternels en particulier, les déterminants socioculturels sont toujours forts. Il revient aux équipes humanitaires d'y prendre garde. Imaginons, en Amérique centrale par exemple, une femme d'origine maya, dont la pratique ancestrale est d'accoucher au sein de sa communauté, dans l'intimité de son foyer, en position accroupie dans une semi-pénombre, tandis que sa mère ou sa belle-mère lui fait des massages abdominaux avec des décoctions de plantes. Acceptera-t-elle sans résistance un programme de sécurisation de l'accouchement, qui lui proposera de donner la vie dans un centre de santé, en position gynécologique et entourée d'hommes, tandis que de puissantes lampes halogènes guetteront la sortie de son enfant ?

Principe de réalité pour jeune humanitaire

Une anecdote témoigne de la façon dont les humanitaires débutants peinent à se défaire de leurs repères et de leurs réflexes professionnels.

Jeune médecin volontaire au Guatemala dans les années 1980, je participai à un programme de « soins de santé primaires », destiné à faire acquérir à des agriculteurs, dans des communautés pauvres et très isolées, des connaissances de base pour régler des problèmes courants et utiliser des traitements accessibles ; il fallait leur apprendre à déceler et à soigner des maladies telles que le paludisme, les diarrhées et la déshydratation des enfants.

Dans la région d'Ixcán, le principal outil employé dans l'agriculture est le coupe-coupe ; les blessures sont donc fréquentes. Notre programme prévoyait une formation des « promoteurs de santé », qui devaient effectuer des sutures simples avec du matériel peu sophistiqué ; aux cessions de cours organisées dans notre centre succédèrent les « tournées de supervision » dans les communautés pour vérifier la maîtrise des connaissances acquises par nos interlocuteurs.

Nos tournées étaient soigneusement préparées, car les villages étaient disséminés et difficiles d'accès – certains à cheval ou en pirogue seulement. Nos directives étaient claires : lors de nos passages, chaque promoteur devait exhiber un poulet tué et plumé, qui servirait de cobaye à la révision du programme « sutures ».

La tournée commença et, dans l'ensemble des villages, tout se passait bien, les pharmacies et les cahiers de consultations étaient bien tenus, les registres financiers étaient en ordre, mais de poulet pour s'entraîner point. À notre interrogation, on restait évasif et gêné. Après le cinquième promoteur questionné sur cet oubli vint enfin la réponse, limpide : « Tu sais, dans nos villages, le poulet est un bien précieux. Nous en mangeons une ou deux fois par an, toujours dans de grandes occasions. Difficile pour nous de sacrifier une bête pour s'entraîner à faire des sutures… »

DANS LES URGENCES

Aujourd'hui, rares sont les ONG qui, dans leurs programmes de santé, agissent sans tenir compte des déterminants socioculturels des personnes qu'ils viennent secourir et soigner. Parfois, les grandes urgences sanitaires et humanitaires viennent bousculer les préoccupations en la matière, car il faut recourir à des gestes et à des protocoles standardisés pour atteindre une rapidité et une efficacité maximales.

Sur ces terrains de crise, on rencontre le plus souvent des professionnels de santé formés dans le pays, qui constituent alors des relais essentiels pour faire accepter au mieux les actions requises, dans le respect de tous.

21

Vers un humanitaire mondial

Afin que l'action humanitaire reste viable et devienne la plus efficace et la plus ample possible, il faut accepter qu'elle ne soit plus l'apanage d'un seul monde, l'Occident. Sortir l'action humanitaire d'Occident, dissocier son image de son origine géographique, historique et politique, c'est chercher sur d'autres continents d'autres acteurs de la solidarité internationale : ceux du XXIe siècle.

À la suite des évolutions internationales de ces vingt dernières années, le concept même d'aide humanitaire a été remis en question, ainsi que sa pratique. Nombreux sont désormais les pays qui, dans le monde, possèdent toute légitimité à intervenir, et aspirent à tenir cette place.

Sans renoncer à leur identité et à l'esprit qui préside à leurs missions, les organisations non gouvernementales occidentales doivent intégrer cette dimension, qui est la condition de la rencontre culturelle mais également sociale et politique avec les autres. Il leur faut envisager de travailler aux côtés de nouveaux intervenants, d'imaginer et de construire ensemble de nouvelles structures, en admettant que ces dernières aboutiront, demain, à des modes d'organisation ou de gouvernance qui ne seront pas nécessairement les leurs.

Les enjeux sont décisifs. Dans ce contexte, Médecins du monde réfléchit à deux ouvertures : l'une vers les pays arabes, à travers la création d'un bureau de représentation au Qatar, dans le golfe Arabo-Persique ; l'autre vers l'Inde, à travers son implantation sur ce sous-continent.

LE MONDE ARABO-MUSULMAN

Le choix du Qatar répond à deux objectifs majeurs : traduire l'implication forte de Médecins du monde dans la sphère arabo-musulmane – l'association est déjà établie en Turquie, au Liban, dans les Territoires palestiniens, en Syrie, en Égypte, au Yémen, en Afghanistan, en Irak... – et, grâce à la présence, à Doha, du siège social de la grande chaîne de télévision Al Jazeera (voir le chap. 10, p. 136), exposer ses logiques d'intervention à une large population.

Si, en France, de nombreux intervenants humanitaires refusent d'aligner leur attitude et leur choix d'implantation sur un prétendu « choc des civilisations », il en va de même dans les pays arabes : cette région du monde, et en particulier le Qatar, ne manque pas d'acteurs de la solidarité internationale prêts à travailler sur l'aide humanitaire, à partir de valeurs ébranlant la vision réductrice d'un monde dominé par le conflit religieux et l'affrontement des cultures (voir le chap. 15).

L'INDE ET SON MILLIARD D'HABITANTS

Divers arguments incitent à envisager l'Inde comme un terrain propice à l'émergence d'un mouvement humanitaire nouveau.

Sur le plan international

Par sa taille, l'économie indienne occupe le quatrième rang au niveau mondial.

Par son ampleur et son histoire, l'Inde représente un acteur clé des relations internationales, et ce depuis des décennies, en particulier depuis l'apparition du mouvement des non-alignés en 1955, à la conférence de Bandung, dont l'un des principaux inspirateurs fut Jawaharlal Nehru.

Conscient de ses difficultés à maintenir une politique de non-alignement, le pays revendique un siège de membre permanent au Conseil de sécurité des Nations unies, ainsi que sa participation à la gestion de la sécurité internationale (voir le chap. 12, p. 153).

Tandis que l'aide au développement provenant des pays riches décroît, l'Inde a annoncé son intention de doubler, en cinq ans, le montant de l'aide apportée aux pays africains, une politique d'alliance qui n'est, bien sûr, pas dénuée de préoccupations économiques.

Pour la décennie à venir, l'Inde vise un taux de croissance de 10 % par an. Le pays occupe une place majeure au sein du Groupe des 77, une coalition de pays en développement créée en 1964, au sein des Nations unies, pour promouvoir leurs intérêts économiques – elle compte aujourd'hui plus de cent trente membres.

Touchée par le tsunami en décembre 2004, l'Inde a joué un rôle déterminant dans la solidarité internationale, aidant les autres pays frappés par le raz-de-marée ; elle a été le deuxième pays contributeur après les États-Unis.

Sur le plan national

De nos jours, seule une poignée d'États de l'Union indienne sont dirigés par des personnes appartenant à une caste élevée. Cette hiérarchisation de la société semble donc s'assouplir. Avec la corruption, elle reste néanmoins un obstacle à un développement équilibré au sein de la population ; de même, les écarts de revenus se creusent entre les diverses catégories sociales.

Pays le plus peuplé au monde – avec plus d'un milliard d'habitants –, la nation indienne est une démocratie de type parlementaire, dotée de solides racines historiques et capable de se renouveler pour répondre aux défis sociaux qui lui sont posés.

Dans le domaine de la santé

L'Inde est le pays qui possède le plus de facultés de médecine au monde. Même si elle n'est pas homogène, la formation du corps médical est, d'une manière générale, considérée comme excellente.

L'Inde accueille un tourisme médical assez important, y compris venant de Grande-Bretagne, ce qui témoigne du niveau technique atteint par ses professionnels de santé.

Dans le monde, elle est le quatrième producteur de produits pharmaceutiques et le premier exportateur.

Des ONG locales

Depuis les années 1970, des organisations non gouvernementales indiennes se sont largement développées dans les secteurs de l'éducation, des soins de santé primaires, de l'approvisionnement en eau potable, de l'irrigation et de la reforestation ; des mouvements revendiquant une place sociale pour les femmes et luttant contre le travail des enfants sont également apparus.

Depuis les années 1990, diverses ONG travaillent dans le domaine du microcrédit.

En 2002, le nombre total d'ONG indiennes était estimé à 1,2 million, dont plus de la moitié en zone rurale. Les trois quarts d'entre elles employaient zéro ou un salarié ; seules 8 % employaient plus de dix personnes. 80 % de leur budget provenait de financements privés, d'une origine locale.

UNE STRATÉGIE À TIROIRS

Par son ampleur économique, son poids international et son système politique, par la formation de ses professionnels de santé et l'essor de ses associations, l'Inde occupera, à n'en pas douter, une place primordiale dans l'entraide humanitaire au XXIe siècle. Elle se présente donc comme une alternative et une alliée potentielle pour les acteurs occidentaux.

Selon cette logique, il convient aujourd'hui de s'intéresser aux autres géants du nouvel équilibre mondial, depuis la Chine jusqu'au Brésil en passant par l'Afrique du Sud ; dans un avenir proche, leur potentiel humain, technique et économique leur permettra de s'engager eux-mêmes dans cette forme de redistribution des richesses que constitue la solidarité internationale.

Il revient au mouvement humanitaire occidental, qui fut précurseur en France dans les années 1970, d'accompagner l'apparition de nouvelles dynamiques dans les pays en plein développement.

C'est une stratégie à tiroirs, aux effets multiples : reconnaître l'importance acquise par ces pays rééquilibrera les rapports de force internationaux ; leur implication dans le champ humanitaire augmentera les ressources mobilisables ; aider à la formation de nouveaux acteurs favorisera l'émergence d'autres énergies, d'autres capacités d'action ; et ces nouveaux acteurs interviendront avec d'autres références politiques et anthropologiques qui, si elles seront dénuées du passé colonial occidental, ne seront pas, à leur tour, indemnes d'une vision ethnocentrée.

Tout au long de ce compagnonnage, les organisations non gouvernementales natives d'Occident contribueront à la naissance, dans des pays qui ne sont pas tous des modèles de démocratie, d'une certaine culture du contre-pouvoir.

22

Agir ici et faire changer là-bas

Les humanitaires ne peuvent pas se présenter comme les sauveurs du monde quand ils passent les frontières et rester des spectateurs passifs devant les politiques discriminatoires qui sont menées, par leur pays d'origine, à l'encontre des étrangers. Au risque de noyer leurs analyses dans une sorte de schizophrénie et de perdre ainsi leur crédibilité, ils ont donc également vocation à dénoncer, « là-bas », la politique étrangère de la France et à alerter, « ici », sur la situation des personnes immigrées.

LES HUMANITAIRES AUSSI SONT DES ÉTRANGERS

Pour un grand nombre de volontaires qui partent pour des missions de solidarité internationale, cet engagement témoigne non seulement de leur volonté d'agir dans leur domaine de compétence d'une manière concrète, sur le terrain, mais également d'un besoin particulier d'aller vers des groupes humains différents.

Entrepris dans des délais brefs, leurs efforts d'observation pour décrypter les contextes d'intervention sont formateurs : rapidement, il faut comprendre les équilibres des pouvoirs traditionnels et politiques, le poids de la structure familiale, les règles des hiérarchies sociales... – en bref, saisir les logiques qui créent les inégalités et les violences dont on constate les effets sur la santé des personnes. Cette « médecine sociale » que constitue l'expérience humanitaire, aucune faculté ne l'enseigne.

Revenus imprégnés de cette pratique et de cette rencontre, la plupart des volontaires ne sont plus des acteurs professionnels et sociaux tout à fait comme les autres. Parce qu'ils ont approché d'un peu plus près son environnement et ses réalités, leur regard sur l'étranger a changé. De même, leur vision de leur propre pays, de son fonctionnement et de ses codes, n'est plus le même : par leur expatriation plus ou moins longue, ils ont acquis la faculté de se décentrer et, dès lors, savent analyser leur environnement économique, politique et social ; après avoir été eux-mêmes des étrangers, ils connaissent cette insécurité diffuse que provoque l'immersion dans une autre culture, ce sentiment d'un arbitraire potentiel.

Forts de leur expérience, les acteurs humanitaires enrichissent la vision du monde de leurs concitoyens et de leurs dirigeants, leur apportant un éclairage inédit sur diverses questions politiques, en particulier celle de l'immigration.

S'INSURGER CONTRE LES DISCRIMINATIONS

En 2007, Médecins du monde a lancé une pétition pour alerter l'opinion sur l'instrumentalisation des professionnels de la santé publique qu'opère le gouvernement mis en place par Nicolas Sarkozy. En tant qu'ONG médicale active en France et à l'étranger, elle perçoit une logique inquiétante, celle de placer les sciences et la médecine au service des politiques migratoires actuelles :

– une circulaire publiée en février 2006 a autorisé l'arrestation des personnes étrangères dans les structures de soins ;
– des pressions administratives sont exercées sur les médecins inspecteurs de santé publique afin d'influencer les décisions d'expulsion des étrangers gravement malades ;
– pour des raisons prétendument sanitaires, des évacuations musclées sont effectuées dans des campements occupés par des Roms ;
– le calcul de l'âge osseux effectué sur des adolescents risque de provoquer leur exclusion de la protection de l'enfance ainsi que leur expulsion si cet examen établit qu'ils sont des « adultes biologiques » ;
– reprenant un amendement proposé par le député UMP Thierry Mariani, la pratique de tests ADN dans le cadre du regroupement familial des étrangers présents sur le territoire français instaure, dans la preuve de filiation, une discrimination intolérable ; dans la loi relative à la maîtrise de l'immigration, à l'intégration et à l'asile adoptée le 20 novembre 2007, ces tests ont été partiellement autorisés.

Toutes ces utilisations de la médecine poursuivent des fins autres que celles du soin. Ayant réuni près de quarante mille signatures, la pétition de Médecins du monde a permis de promouvoir un droit à la désobéissance déontologique auprès des professionnels de santé amenés à prescrire ou à effectuer des actes non pas dans l'intérêt de la personne mais dans le cadre de lois relatives à l'immigration.

Les personnes auprès desquelles intervient Médecins du monde en France sont à 80 % d'origine étrangère ; tandis que 20 % d'entre elles vivent dans la rue, 40 % occupent des logements précaires ; 86 % sont dépourvues de couverture santé ; 100 % sont en dessous du seuil de la pauvreté. Ces constats sont à prendre en compte : on ne peut accorder un rôle démesuré aux étrangers quand il s'agit de sécurité et le minimiser quand il est question de pauvreté.

DÉNONCER LES POLITIQUES PUBLIQUES

Telle qu'elle est menée actuellement par le gouvernement français, la politique d'immigration, avec son caractère résolument sécuritaire, présente l'étranger comme largement responsable des difficultés économiques et sociales du pays, des déficits comme des fraudes – tel est le discours en creux. Cette politique rassure un certain électorat, dans une France qui, centrée sur elle-même, tend à se replier.

La volonté est affichée de réguler les flux des populations et de les orienter vers une immigration « choisie » ; pourtant, la plupart des experts considèrent cette orientation comme inefficace : en juillet 2008, la commission présidée par Pierre Mazeaud, ancien président du Conseil constitutionnel, et composée de démographes, d'économistes, de juristes et de parlementaires, a jugé le principe des quotas d'étrangers irréalisable et sans intérêt ; de même, il ne recueille pas l'unanimité au sein de l'Union européenne.

L'aide au développement diminue

La politique du gouvernement français est censée posséder comme contrepartie l'augmentation, par les pays riches, de l'aide accordée aux pays d'origine des populations migrantes. Conformément aux « objectifs du millénaire pour le développement » adoptés par l'ONU en 2000 (voir le chap. 7, p. 104), on s'attendrait donc, en toute cohérence, à ce que les apports des nations occidentales à l'aide publique au développement s'accroissent. Mais il n'en est rien.

En portant leurs efforts sur les pénuries alimentaires, la mortalité maternelle et infantile et la scolarité, les objectifs onusiens étaient, d'ici à 2015, de réduire de moitié l'extrême pauvreté et la faim ; à mi-parcours, l'attitude des contributeurs principaux génère des inquiétudes : en 2007 et pour la deuxième année consécutive, les vingt-deux donateurs mondiaux ont diminué leur aide publique au développement.

Si des pays tels que l'Espagne, la Norvège, l'Autriche et l'Allemagne ont augmenté leur aide, le Japon, le Royaume-Uni, la France, la Belgique et les États-Unis l'ont abaissée. Pour la France, cette réduction a été de 15 % par rapport au budget de l'année précédente ; on assiste donc à une régression sensible de l'aide. Et, pour la première fois, l'Union européenne a également diminué ses apports financiers.

À l'opposé, la taxe aérienne de « contribution internationale de solidarité », appelée aussi « taxe Chirac », fonctionne assez bien, mais son budget reste modeste ; fondée par la France, le Royaume-Uni, la Norvège, le Brésil et le Chili, elle est désormais adoptée par une vingtaine d'autres États. Dans l'avenir, le recours à une taxe optionnelle permettrait d'accroître le budget global.

Quand des conditions sont posées

En cohérence avec leurs interventions sur le terrain, tant sur le plan national qu'international, les ONG françaises s'impliquent dans le débat : elles demandent au gouvernement de respecter les engagements pris et de maintenir le soutien financier aux pays en développement ; elles se battent pour que l'un des objectifs de l'ONU soit atteint, à savoir que la contribution de la France dans la lutte contre la pauvreté égale 0,7 % de sa richesse nationale. Si on veut contribuer à maîtriser les flux migratoires en soutenant les pays d'origine, alors il convient que cet objectif politique se traduise, dans les faits, par une augmentation substantielle de l'aide française. Ce qui reste aujourd'hui à démontrer.

Présente aux côtés des migrants depuis près de soixante-dix ans, la Cimade analyse ainsi la situation :

> *« Le lien entre le développement et les migrations ne saurait être réduit à une relation de cause à effet : plus de développement au Sud entraînant automatiquement moins de migrations vers*

le Nord. Les migrations doivent être bénéfiques à la fois au pays d'origine, aux pays de transit, aux pays d'accueil et avant tout aux migrants eux-mêmes, dans le respect de leur dignité et de leurs droits. Ces synergies positives ne pourront être développées qu'en impliquant les migrants dans les politiques qui les concernent, ce qui est encore loin d'être le cas. [...] Le développement est un droit reconnu en tant que tel par les Nations unies et ne saurait en aucun cas faire l'objet de conditionnalité quelle qu'elle soit. Conditionner l'aide au développement au contrôle des flux migratoires constitue un chantage d'autant plus inacceptable que certaines politiques économiques et commerciales européennes sont loin d'être neutres sur les phénomènes migratoires » (« Migrations et développement : quand la question des migrations s'immisce dans le rapport Nord-Sud... », dans *Politiques européennes en matière d'asile et d'immigration,* Paris, 2008, p. 5).

Témoigner, encore, de la pauvreté

Dans la plupart des pays en développement, la situation est loin de s'améliorer ; les associations humanitaires sont là pour en attester.

Si, selon l'ONU, certains objectifs montrent des progrès, tel n'est pas le cas en revanche pour ceux qui sont directement liés à la santé. En effet, les taux de mortalité maternelle et infantile restent alarmants, de même que la prévalence du sida, en particulier en Afrique subsaharienne : ce continent qui abrite 11 % de la population mondiale affronte 25 % des maladies, avec 3 % des soignants seulement ; chaque année, plusieurs centaines de milliers de femmes meurent des suites de leur grossesse ou de leur accouchement, alors que la plupart auraient pu être soignées.

Dans les pays pauvres, la moitié de la population manque de systèmes de santé de base, et l'accès aux soins dénote toujours des disparités inquiétantes entre les diverses catégories, dont les plus vulnérables sont les habitants des zones rurales, les minorités, les enfants et les personnes handicapées.

Pour parvenir à de réelles avancées en matière de santé, il convient d'adopter de nouvelles stratégies, de ne plus centrer les solidarités internationales sur la lutte contre les pandémies, mais de leur associer une approche transversale afin de résoudre les problèmes à leur base : pour combattre les maux qui déciment les plus pauvres – la surmortalité maternelle et infantile, le sida, la tuberculose, le paludisme, les diarrhées, les méningites –, il faut mettre sur pied des systèmes de santé, accroître le nombre de centres de soins, de professionnels, de médicaments… Selon l'Organisation mondiale de la santé (OMS), près de 90 % des Africains occupent des régions où il y a moins de cinq médecins pour dix mille habitants. Dans de telles conditions, comment espérer atteindre les objectifs du millénaire pour le développement ? (Je reprends ici des thèmes abordés dans un article écrit avec Julie Ancian, « 2008, une année clé pour la santé mondiale », *La Croix*, 19 décembre 2007.)

ALERTER

Le regard et le statut particulier que possèdent les humanitaires, et leur connaissance aiguë des réalités concrètes les placent, sans doute mieux que quiconque, en situation de témoigner au sein de leur pays d'origine pour établir le lien entre le « ici » et le « là-bas ».

Chaque année, des milliers de migrants s'engagent sur les routes et sur les mers pour des voyages périlleux. Ils abandonnent tout, leurs attaches familiales, sociales, culturelles. Ils fuient la faim, comme au Niger. Ils fuient la guerre, comme dans les Territoires palestiniens, au Liban ou au Daghestan. Ils fuient les dégradations écologiques de leur pays, comme en Bolivie ou en Érythrée. Ils fuient la ségrégation et l'absence de soins, comme les Punans en Indonésie. Ils sont des témoins, des rescapés de la violence, de la misère et de l'oppression. Nombreux sont ceux qui meurent en chemin. Les autres sont confrontés à la réalité brutale de l'Occident : travailleurs clandestins au sein de diverses entreprises, ils sont exploités, humiliés, pourchassés, et leurs droits fondamentaux sont le plus souvent bafoués.

« Ici » et « là-bas », dans les pays d'accueil comme dans les pays d'origine, les associations humanitaires rencontrent les mêmes personnes, confrontées à la même précarité, en particulier dans le domaine de la santé.

« Ici », elles peuvent témoigner et transmettre à leurs concitoyens ce qu'elles perçoivent, « là-bas », des nouvelles réalités mondiales ; elles peuvent être des contre-feux et exprimer une voix indépendante.

« Ici », elles peuvent alerter l'opinion et les pouvoirs publics : tandis que la politique étrangère se montre conquérante, la politique nationale est décalée dans les signaux qu'elle envoie ; les discours sur les étrangers et le sort qui leur est réservé contribuent à exacerber un ressentiment international à l'encontre de l'Occident. À l'heure de la mondialisation de l'information, ce qui se passe dans un pays est très vite relayé aux quatre coins de la planète : la proposition honteuse de tests ADN pour prouver la filiation de personnes migrantes, la gestion politique de l'affaire de l'Arche de Zoé ou encore la teneur du discours prononcé à Dakar, en 2007, par le président Nicolas Sarkozy (voir le chap. 2, p. 62), symbolisent, au-delà des frontières, l'arrogance de l'Occident.

> *« La France et l'Europe ont certainement mieux à offrir à leurs citoyens, à l'Afrique et au monde que la peur et la haine de l'autre »* (Aminata Traoré, *L'Afrique humiliée*, Paris, Fayard, 2008, p. 270).

Annexe

Bibliographie

ARTICLES CITÉS

ALOUF, Marie-Édith, « Médecins sans frontières : une histoire d'aventures », *Politis*, 833, 6 janvier 2005.

BERNARD, Philippe, « Le milieu humanitaire français se déchire à propos du Darfour », *Le Monde*, 16 mai 2007.

BOLOPION, Philippe, « Les bilans des morts de guerres, enjeux politiques », *Le Monde*, 12 avril 2008.

« L'ONU doit changer de culture sur sa propre sécurité », *Le Monde*, 26 juin 2008.

CHIPAUX, Françoise, « Quinze employés sri-lankais d'Action contre la faim ont été assassinés », *Le Monde*, 8 août 2006.

« Les ONG, cibles de guerre au Sri Lanka », *Le Monde*, 1er septembre 2006.

« Les talibans menacent de multiplier les attaques contre les étrangers à Kaboul », *Le Monde*, 17 janvier 2008.

DEBRAY, Régis, « Zoé et Zorro, le néo-bon et le néo-con », *Le Monde*, 24 novembre 2007.

HOURS, Bernard, « L'anthropologie est-elle soluble dans l'action humanitaire globale ? », *Revue humanitaire*, hors série, 4, automne-hiver 2007.

HUBINET, Nina, « Musulmans et Occidentaux désespèrent les uns des autres », *La Croix*, 26 mars 2008.

KOUCHNER, Bernard, « Un médecin accuse », *Le Nouvel Observateur*, 19 janvier 1970. « Humanitaire et militaire », *Inflexions*, 5, janvier-mai 2007.

LELLOUCHE, Pierre, « Scandale birman : plus jamais ça ! », *Le Monde*, 24 juin 2008.

MICHELETTI, Pierre, « Solidarité avec les ONG », *Libération*, 25 juillet 2005.

« Le tsunami a-t-il révélé de mauvaises pratiques ? », *L'Humanité*, 4 janvier 2006.

« Comment l'affaire des caricatures interpelle les ONG », *L'Humanité*, 11 mars 2006.

« Pourquoi l'épidémie de sida prend-elle un tour dramatique en Birmanie ? », *L'Humanité*, 8 juillet 2006.

« Redonner de l'espoir à Gaza », *Libération*, 15 septembre 2006.

« Les humanitaires victimes des logiques d'État », *Le Monde diplomatique*, juin 2007.

« À Gaza, l'Europe peut contribuer à éviter une catastrophe humanitaire », *L'Humanité*, 18 juin 2007.

« L'Europe doit peser de tout son poids pour sauver Gaza du chaos », *Le Figaro*, 2 juillet 2007.

« Médecine et politique migratoire : la liaison dangereuse », *Le Monde*, 25 octobre 2007.

MICHELETTI, Pierre et ANCIAN, Julie, « 2008, une année clé pour la santé mondiale », *La Croix*, 19 décembre 2007.

MICHELETTI, Pierre et RAJABLAT, Marie, « L'Europe doit faire pression contre l'embargo israélien », *Le Monde*, 30 janvier 2008.

MORIN, Edgar, « Antisémitisme, antijudaïsme, anti-israélisme », *Le Monde*, 19 février 2004.

« L'ONU contre les droits de l'homme », *Le Monde*, 28 février 2008 ; parmi les signataires de cette tribune figurent, entre autres, Élisabeth BADINTER, Pascal Bruckner, Georges Charpak, Chahdortt Djavann, Alain Finkielkraut, Élisabeth de Fontenay, Catherine Kintzler, Claude Lanzmann, Albert Memmi et Élie Wiesel.

PAVEY, Eleanor « Les kamikazes sri-lankais », *Cultures & Conflits*, 63, automne 2006.

ROWLEY, Elizabeth A., Crape, Byron L. et Burnham, Gilbert M., « Violence-Related Mortality and Morbidity of Humanitarian Workers », *American Journal of Disaster Medicine*, vol. 3, 1, janvier-février 2008.

VALLAEYS, Anne, « Le paravent humanitaire », *Libération*, 29 mai 2007.

OUVRAGES CITÉS

La Bande de Gaza : Une implosion humanitaire, rapport publié par Amnesty International UK, Care International UK, Catholic Agency for Overseas Development (CAFOD), Christian Aid, Médecins du monde-Grande-Bretagne, Oxfam, Save the Children UK et Trócaire, 6 mars 2008.

BLANCHET, Karl et MARTIN, Boris (dir.), avec la collaboration de Philippe Ryfman, Hugo Slim, Egbert Sondorp, François Grünewald, Hugo Goyder, Sami Makki, James Darcy, Christophe Courtin et Adeel Jafferi, *Critique de la raison humanitaire*, préface par Rony Brauman, postface par Olivier Weber, Paris, Le Cavalier bleu, 2006.

BRUCKNER, Pascal, *Le Sanglot de l'homme blanc. Tiers-Monde, culpabilité, haine de soi* (1983), Paris, Le Seuil, coll. « Points actuels », 1986.

CIMADE (Comité intermouvements auprès des évacués), *Politiques européennes en matière d'asile et d'immigration*, Paris, 2008 (www.cimade.org).

COURBAGE, Youssef et TODD, Emmanuel, *Le Rendez-vous des civilisations*, Paris, Le Seuil, coll. « La République des idées », 2007.

DEBRAY, Régis, *Un candide en Terre sainte*, Paris, Gallimard, 2008.

DÉLÉGATION À L'INFORMATION ET À LA COMMUNICATION DE LA DÉFENSE (DICOD), *Les Français et la défense. Quinze ans de sondage, 1991-2006*, préface de Samy Cohen, décembre 2007.

DOMERGUE-CLOAREC, Danielle et Coppolani, Antoine (dir.), *Des conflits en mutation ? De la guerre froide aux nouveaux conflits : essai de typologie de 1947 à nos jours*, Paris, Complexe, 2004.

DOUCIN, Michel, *Les ONG : le contre-pouvoir ?*, postface de Bertrand Badie, Paris, Toogezer, 2007.

FASSIN, Didier, *Faire de la santé publique*, Rennes, Éditions de l'École nationale de la santé publique, 2005.

HUNTINGTON, Samuel P., *The Clash of Civilizations and the Remaking of World Order* (1996) ; *Le Choc des civilisations*, traduit de l'anglais (États-Unis) par Jean-Luc Fidel, Geneviève Joublain, Patrice Jorland et Jean-Jacques Pedussaud, Paris, Odile Jacob, 1997.

Islam and the West : Annual Report on the State of Dialogue (*Islam et Occident : Rapport annuel sur l'état du dialogue*), dirigé par le Forum économique mondial en collaboration avec l'université de Georgetown, à Washington, janvier 2008 (www.weforum.org).

KEPEL, Gilles, *Terreur et Martyre. Relever le défi de civilisation*, Paris, Flammarion, 2008.

ROY, Olivier, *Afghanistan : l'éternité en guerre*, photographies de Philippe Guérillot, préface de Pascal Bruckner, Montrouge, Éditions de la Nef, 1986.

Le Croissant et le chaos, Paris, Hachette Littératures, coll. « Tapage », 2007.

STODDARD, Abby, HARMER, Adele et HAVER, Katherine, *Providing Aid in Insecure Environments : Trends in Policy and Operations*, Overseas Development Institute-Humanitarian Policy Group (ODI-HPG), Londres, septembre 2006.

TRAORÉ, Aminata, *L'Afrique humiliée*, préface de Cheikh Hamidou Kane, Paris, Fayard, 2008.

TOCQUEVILLE, Alexis de, *De la démocratie en Amérique*, I (1835), Paris, Gallimard, coll. « Folio histoire », 1986.

VALLAEYS, Anne, *Médecins Sans Frontières, la bio*, Paris, Fayard, 2004.

VÉDRINE, Hubert, avec la collaboration d'Adrien ABÉCASSIS et Mohamed BOUABDALLAH, *Continuer l'Histoire*, Paris, Fayard, 1997.

VERSCHAVE, François-Xavier, *La Françafrique : le plus long scandale de la République*, Paris, Stock, 1998.

WALLERSTEIN, *Immanuel, L'Universalisme européen : de la colonisation au droit d'ingérence*, traduit de l'anglais (États-Unis) par Patrick Hutchinson, Paris, Demopolis, 2008.

Imprimé en Espagne par Rodesa

Dépôt légal : septembre 2008

978-2-501-05812-4

4080503 / 01